U0500731

「中国式现代化的故事」丛书·特色城市辑

张占斌 总主编

中共大连市委宣传部
中共大连市委党校（大连行政学院 大连市社会主义学院） 组编
大连新闻传媒集团

澎湃大潮升

中国式现代化的大连故事

国家行政学院出版社
NATIONAL ACADEMY OF GOVERNANCE PRESS

中央党校出版社集团
国家行政学院出版社

图书在版编目（CIP）数据

澎湃大潮升：中国式现代化的大连故事 / 中共大连市委宣传部，中共大连市委党校（大连行政学院 大连市社会主义学院），大连新闻传媒集团组编. -- 北京：国家行政学院出版社，2024. 10. --（"中国式现代化的故事"丛书 / 张占斌主编）. -- ISBN 978-7-5150-2933-7

Ⅰ. D673.13

中国国家版本馆CIP数据核字第2024WG2522号

书　　名	澎湃大潮升——中国式现代化的大连故事	
	PENGPAI DACHAOSHENG—— ZHONGGUOSHI XIANDAIHUA DE DALIAN GUSHI	
作　　者	中共大连市委宣传部　中共大连市委党校（大连行政学院　大连市社会主义学院）	
	大连新闻传媒集团　组编	
统筹策划	胡　敏　刘韫劼　陈　科	
责任编辑	陈　科　陆　夏　宋颖倩	
责任校对	许海利	
责任印刷	吴　霞	
出版发行	国家行政学院出版社	
	（北京市海淀区长春桥路6号　100089）	
综 合 办	（010）68928887	
发 行 部	（010）68928866	
经　　销	新华书店	
印　　刷	北京新视觉印刷有限公司	
版　　次	2024年10月北京第1版	
印　　次	2024年10月北京第1次印刷	
开　　本	170毫米×240毫米　16开	
印　　张	14	
字　　数	198千字	
定　　价	62.00元	

本书如有印装问题，可联系调换。联系电话：（010）68929022

出版说明

　　党的二十大报告指出，从现在起，中国共产党的中心任务就是团结带领全国各族人民全面建成社会主义现代化强国、实现第二个百年奋斗目标，以中国式现代化全面推进中华民族伟大复兴。习近平总书记在中央党校建校 90 周年庆祝大会暨 2023 年春季学期开学典礼上的讲话中首次创造性提出"为党育才、为党献策"的党校初心。紧扣党的中心任务，践行党校初心，中央党校出版集团国家行政学院出版社和中央党校（国家行政学院）中国式现代化研究中心特别策划"中国式现代化的故事"丛书，邀请地方党校（行政学院）、宣传部门、新闻媒体、行业企业等方面共同参与策划和组织编写，从不同层次、不同维度、不同视角讲述中国式现代化的地方故事、企业故事、产业故事，生动展示各个地区、各个领域在大力拓展中国式现代化新征程上的理念创新、实践创新、制度创新、文化创新等，精彩呈现当代中国以中国式现代化全面推进中华民族伟大复兴的宏大历史叙事，以讲好中国式现代化的故事来讲好中国故事。

　　该丛书力求体现这样几个突出特点：

　　其一，文风活泼，以白描手法代入鲜活场景。本丛书区别于一般学术论著或理论读物严肃刻板的面孔，以生动鲜活的题材、清新温暖的笔触、富有现场感的表达和丰富精美的图片，将各地方、企业推进中国式现代化建设的理论思考、战略规划、重要举措、实践路径等向读者娓娓道来，使读者在沉浸式的阅读体验中获得共鸣、引发思考、受到启迪。

其二，视野开阔，以小切口反映大主题。丛书中既有历史人文风貌、经济地理特质的纵深概述，也有改革创新举措、转型升级案例的细节剖解，既讲天下事，又讲身边事，以点带面、以小见大，用故事提炼经验，以案例支撑理论，从而兼顾理论厚度、思想深度、实践力度和情感温度。

其三，层次丰富，以一域之光映衬全域风采。丛书有开风气之先的上海气度，也有立开放潮头的南粤之声；有沉稳构筑首都经济圈的京津冀足音，也有聚力谱写东北全面振兴的黑吉辽篇章；有在长江三角洲区域一体化发展中厚积薄发的安徽样板，也有在成渝地区双城经济圈中走深走实的川渝实践；有生态高颜值、发展高质量齐头并进的云南画卷，也有以"数"为笔、逐浪蓝海的贵州答卷；有"强富美高"的南京路径，也有"七个新天堂"的杭州示范……。丛书还将陆续推出各企业、各行业的现代化故事，带读者领略中国式现代化的深厚底蕴、辽阔风光和壮美前景。

"中国式现代化的故事"丛书既是各地方、企业推进中国式现代化建设充满生机活力的形象展示，也是以地方、企业发展缩影印证中国式现代化理论科学性的多维解码。希望本丛书的出版，能够为各地方、企业搭建学习交流平台，将一地一域的现代化建设融入全面建设社会主义现代化国家的大局，步伐一致奋力谱写中国式现代化的历史新篇章。

国家行政学院出版社
"中国式现代化的故事"丛书策划编辑组

总　序

　　党的二十大擘画了全面建成社会主义现代化强国、以中国式现代化全面推进中华民族伟大复兴的宏伟蓝图。中国式现代化是前无古人的开创性事业，是强国建设、民族复兴的康庄大道。回顾过去，中国共产党带领人民艰辛探索、铸就辉煌，用几十年时间走完西方发达国家几百年走过的工业化历程，创造了经济快速发展和社会长期稳定的两大奇迹，实践有力证明了中国式现代化走得通、行得稳；面向未来，在以习近平同志为核心的党中央坚强领导下，各地方各企业立足各自的资源禀赋、区位优势和产业基础、发展规划，精心谋划、奋勇争先，在推进中国式现代化过程中将展现出一系列生动场景，一步一个脚印地把美好蓝图变为现实形态。

　　中国式现代化，是中国共产党领导的社会主义现代化，既有各国现代化的共同特征，又有基于自己国情的中国特色。中国式现代化，是人口规模巨大的现代化，是全体人民共同富裕的现代化，是物质文明和精神文明相协调的现代化，是人与自然和谐共生的现代化，是走和平发展道路的现代化。这五个方面的中国特色，不仅深刻揭示了中国式现代化的科学内涵，也体现在不同地方、企业推进现代化建设可感可知可行的实际成果中。中国式现代化理论为地方、企业现代化的实践探索提供了不竭动力，地方、企业推进中国式现代化建设的成就也印证了中国现代化道路行稳致远的时代必然。

为讲好中国式现代化的故事，更加全面、立体、直观地呈现中国式现代化的丰富内涵和万千气象，中央党校（国家行政学院）中国式现代化研究中心和中央党校出版集团国家行政学院出版社联合策划推出"中国式现代化的故事"丛书，展现各地方、企业等在着眼全国大局、立足地方实际、发挥自身优势，推进中国式现代化建设上的新突破新作为新担当，总结贯穿其中的完整准确全面贯彻新发展理念、构建新发展格局、推动高质量发展的新理念新方法新经验。我们希望该系列丛书一本一本的出下去，能够为各地更好推进中国式现代化建设以启迪和思考，为以中国式现代化全面推进中华民族伟大复兴凝聚更加巩固的思想基础，为进一步推进中国式现代化的新实践、书写中国式现代化的新篇章汇聚磅礴力量。

中央党校（国家行政学院）中国式现代化研究中心主任

2023 年 10 月

序　言

时已至　势已成　兴可待

　　在大局上谋势，于关键处落子，是习近平总书记治国理政的鲜明特点。2023 年 9 月 7 日，习近平总书记主持召开新时代推动东北全面振兴座谈会，在新时代党和国家事业发展的大棋局中，又落下重要一子。"新时代""全面振兴"，这些关键词所呼应的，是党的二十大报告提出的"推动东北全面振兴取得新突破"；所擘画的，是中国式现代化新征程上波澜壮阔的东北实践。

　　东北全面振兴是实现中国式现代化的重要支撑。大连，要勇当新时代东北全面振兴"跳高队"。从推进中国式现代化视角看大连使命，首先就要落点在从推进东北全面振兴中看大连作为。2013 年 8 月，习近平总书记在大连考察时，为大连发展掌舵领航，提出大连"建成产业结构优化的先导区和经济社会发展的先行区"（简称"两先区"）的目标要求；2022 年 8 月，习近平总书记在辽宁考察时，对大连寄予厚望，进一步为大连振兴发展指明了前进方向：大连不仅要当好辽宁振兴"跳高队"，更要勇当东北振兴"跳高队"。在新时代推动东北全面振兴座谈会上习近平总书记指出，"牢牢把握东北的重要使命"。

　　如何理解"重要使命"？首先，东北全面振兴是实现中国式现代化的战略支撑。从历史上看，东北地区是新中国最早启动工业化的地区，没有东北老工业基地的全面振兴，就没有中国式现代化目标的实现，东北全面振兴是实现中国式现代化的重要支撑。其次，东北在维护国家国防安全、粮食安全、生态安全、能源安全、产业安全方面担负着不可替代的责任。这一重大责任完成得好坏并不是以经济指标作为衡量标准，而是以在涉及国家安全的关键时刻，东北地区能否"顶得上、靠得住"为标准。另外，东北地区担负着我国经济从计划经济到社会主义市场经济彻底转型的重大任务。相对于先进地区，东北地区的体制转型处于我国经济体制改革"最后一公里"阶段，如果没有东北经济成功转型，就没有社会主义市场经济体制的形成，就不会形成中国统一的社会主义大市场经济体制，所以，完成中国向社会主义市场经济体制的转型，是东北必须承担的重大使命。

牢记嘱托，感恩奋进，2023年注定不凡。习近平总书记"9·7"重要讲话，对新时代新征程推动东北全面振兴进行了系统性谋划、作出战略性安排，为大连走出一条高质量发展、可持续振兴的新路子指明了方向、提供了根本遵循。这一年，辽宁经济运行低速徘徊的态势发生重大转变、干部干事创业的精神状态发生重大转变、辽宁营商环境发生重大转变、外界对辽宁的预期发生重大转变；这一年，全方位实施全面振兴新突破大连行动乘势而上，大连振兴发展呈现多年未有的良好态势，主要经济指标好于全国，位于副省级城市前列，全面振兴新突破大连行动实现首战告捷。这一年，最鼓舞人心的是"两先区"高质量发展提速起势、城市能级接续跃升。

从大石化搬迁改造取得阶段性重大成果，到长兴岛（西中岛）石化产业基地跻身全国高质量发展化工园区30强、奇瑞汽车配套产业园开工建设、恒力临海装备制造基地项目投产，我们以更多实物工作量奏响转型发展的时代乐章。

从大连数谷成为东北最大数字产业转型升级示范区，到人工智能计算中心荣获"国智"牌照，世界最大 2.4 万标箱集装箱船、全球最大级别穿梭油轮等海上"巨无霸"驶向深蓝，我们以自立自强不断激发新质生产力"硬核"力量。

从"海上游大连"扬帆启航，到冰山慧谷、金石滩景区成为"国家级示范"，东港商务区、俄罗斯风情街、西安路和中华路商圈等特色街区人气满满，我们以山海魅力和真诚服务，吸引八方宾朋奔赴大连、爱上大连。

繁花背后，多有荆棘。这些突破性、转折性、历史性的新变化来之不易。每座城，都有自己的基因，孵化着独特的文化、精神以及行业经济，更肩负着独属一城的重要使命。

大连是一座向海而生的城市，是我国北方重要的港口、工业、贸易、金融和旅游城市，是 5 个计划单列市之一、15 个副省级城市之一、14 个首批沿海开放城市之一。连续两次获评"中国国际化营商环境建设标杆城市"，连续六届荣膺"全国文明城市"，八次荣获"全国双拥模范城市"，蝉联全国社会治安综合治理优秀城市奖"长安杯"，当选2024年"东亚文化之都"。

大连也是"一带一路"的重要节点，是全国对外开放功能区最多、最全的副省级城市之一，近年来外贸进出口总额约占全省 60%、占东北三省 40%，出口市场覆盖 200 多个国家和地区，大连自贸片区在英国《外国直接投资》杂志发布的 2022 全球年度自由贸易区综合排名中位列第二，卫冕亚太地区冠军。

大连还是国家重要的工业基地，第一艘航空母舰、第一艘万吨轮船、第一辆大功率内燃机车、第一台海上钻井平台……无数个新中国第一都在这里诞生。大连拥有雄厚的产业基础、齐全的工业门类，装备制造、船舶制造、石油化工等传统产业优势明显，仅在中国造船史上就荣获 80 多个第一，拥有全球规模最大的PTA（对苯二甲酸）生产基地。大连工业近十年来取得的发展成就令人振奋：全球首艘超大型智能原油船、"华龙一号"核岛主设备、世界最大500米口径球面射电望远镜馈源支撑索驱动系统等一批"大国重器"打破国外垄断、填补国内空白，新一代信息技术、新材料、新能源、生物医药等战略性新兴产业在大连如百舸争流勇向前。

大连具有较强的科技创新实力，拥有高等院校30多所、市级以上科研院所100多家、创新平台1000多家。2022年全社会研发经费投入强度达3.1%，成为东北首个突破3%的城市，万人有效发明专利拥有量达30.75件，获批全国首批知识产权强市示范城市。

大连是中国北方重要的国际航运中心和国际物流中心，大连港是东北地区唯一纳入国家"一带一路"建设总体规划的港口，东北地区96%以上外贸集装箱、100%商品车、60%以上外贸原油转运均由大连港口承担。

大连是东北亚著名的滨海旅游度假胜地，依山傍海，风景秀美，气候宜人，功能完善，人文历史和自然风景旅游资源丰富，是"中国最佳旅游城市""全国首批旅游休闲城市"。

中国式现代化，民生为大。大连先后上榜由中央广播电视总台、国家统计局、中国邮政集团有限公司、北京大学国家发展研究院联合发起的《中国美好生活大调查》"中国美好生活城市"榜单中十大"大美之城"、十大"美好宜居"城市。

风劲扬帆正当时，砥砺奋进向未来。实践证明，一座城市的腾飞往往就是在关键时刻抓住了关键机遇。时下的大连，就处在这样一个千载难逢的历史机遇期，习近平总书记阐述的"四方面重大机遇"，条条都为大连指明了大展身手的方向路径。新时代新征程上推动东北全面振兴，大连使命在肩、责任重大。紧扣辽宁打造新时代"六地"的目标任务，大连鲜明提出"六个建设"目标任务，即：建设实体经济发达的现代化产业体系，建设具有全国影响力的区域科技创新中心，建设内畅外联的高水平开放门户枢纽，建设陆海统筹发展的现代海洋城市，建设近悦远来的营商环境标杆城市，建设宜居宜业宜游的国际滨海旅游目的地。

六"建"辐辏，剑气如虹。"六个建设"体现了大连市委对当前和今后一个时期的统筹谋划和通盘考虑，既是主要任务，也是目标定位。本书紧扣《中共大连市委关于深入贯彻落实习近平总书记在新时代推动东北全面振兴座谈会上重要讲话精神奋力谱写"两先区"高质量发展新篇章的意见》主旨，以"六个建设"作为主体架构支撑，讲述大连努力打造产业体系优、创新能力强、营商环境好、开放活力足、人口素质高、生活品质佳的北方沿海重要中心城市的现代化故事。"六个建设"中，建设现代化产业体系是关键核心任务，建设区域科技创新中心重在提供动力支撑，建设开放门户枢纽重在激发发展活力，建设现代海洋城市重在打造蓝色引擎，建设营商环境标杆城市重在引导社会预期，建设国际滨海旅游目的地重在发挥区域特色优势。[①] 东北地区正处于千载难逢的战略机遇期、政策叠加的红利释放期、发展动能的加快集聚期、产业升级的转型关键期、跨越赶超的发展窗口期，东北只要抢抓机遇、乘势而上，必将为实现全面振兴增添新动能。

时与势在奋进的大连，在拼搏的大连。

时已至，势已成，兴可待！

中共大连市委党校

（大连行政学院、大连市社会主义学院）

常务副校（院）长　崔秀萌

---

① 《勇当新时代东北全面振兴"跳高队"，谱写"两先区"高质量发展新篇章》，《大连日报》2023年11月14日。

目　录

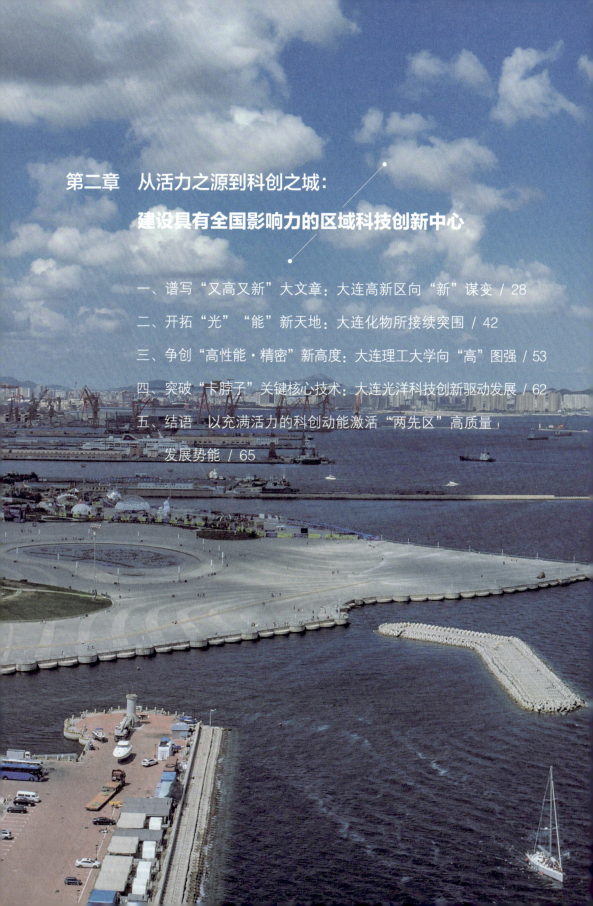

第二章　从活力之源到科创之城：

建设具有全国影响力的区域科技创新中心

第三章　从激活城市基因到打造新高地：

建设内畅外联的高水平开放门户枢纽

第四章 从"新蓝图"到"实景图"：
建设陆海统筹发展的现代海洋城市

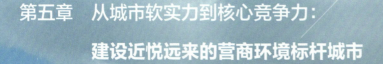

第五章　从城市软实力到核心竞争力：
建设近悦远来的营商环境标杆城市

第六章 从蓝绿清美到金山银山：
建设宜居宜业宜游的国际滨海旅游目的地

后 记

第一章

从制造大市到智造强市：建设实体经济发达的现代化产业体系

现代化产业体系是现代化国家的物质技术基础，是推进中国式现代化的重要支撑。建设现代化产业体系，要坚持把发展经济的着力点放在实体经济上，加快推进传统产业转型升级，大力发展战略性新兴产业和培育未来产业。要以科技创新引领现代化产业体系建设，特别是以颠覆性技术和前沿技术催生新产业、新模式、新动能，加快发展新质生产力。习近平总书记强调，要整合科技创新资源，引领发展战略性新兴产业和未来产业，加快形成新质生产力。从全球层面看，新质生产力的提出是与当前新一轮科技革命、产业革命、生产力革命进入实质性爆发阶段相适应的必然结果；从国内层面看，新质生产力的提出是支撑我国高质量发展取得实质性成效的必然举措。新质生产力由技术革命性突破、生产要素创新性配置、产业深度转型升级而催生，以劳动者、劳动资料、劳动对象及其优化组合的跃升为基本内涵，以全要素生产率大幅提升为核心标志，特点是创新，关键在质优，本质是先进生产力。

2024年是辽宁全面振兴新突破三年行动的攻坚之年，也是大连市"两先区"高质量发展提质升级的关键之年。大连市明确提出，将积极实施新质生产力培育行动，发展壮大战略性新兴产业，重点打造新一代信息技术、生命安全、清洁能源等产业集群……一座曾经的制造大市正在努力走向以新质生产力为引领的智造强市。

一、解码大连制造业："大连速度"
与"大连效率"铸就荣光

大连制造业起步较早，可追溯到 20 世纪初。继上海、武汉、天津之后，大连开始发展纺织、化工等轻工业，曾是我国重要的工业基地。新中国成立后，大连制造业逐步壮大，成为我国东北地区的重要工业基地。回望大连制造业发展历程，大致分为以下几个阶段。

（一）站上东北肩膀，领跑工业之路

1949—1978 年是计划经济体制下社会主义工业化道路时期，这个时期工业化战略的特征是政府作为投资主体、国家指令性计划作为配置资源手段、封闭型重工业优先发展。大连开始发展重型装备制造业，如船舶、机车、重型机械等，这些产业发展让大连工业基础雄厚、门类齐全，机械、化学、棉纺织、特殊钢冶炼、水泥及烧碱与造纸工业等全部具备，成为国家工业化建设的首选地。特别是 1953 年成为中央直辖市后，大连站在东北的肩膀上开始了强势的工业化之路，钢铁、造船、机床等重要基础工业相继而起。大连借助港口优势，将大量工业生产资料便捷地输送到全国各地；通过发展军需生产，在抗美援朝时期巩固了祖国东北的海防前哨；通过建立健全一套行之有效和逐步完善的科学管理制度，为新中国和本地区工业建设发展提供参考借鉴。机车、造船、瓦轴、化工等相关企业成为全国同行业的摇篮，培养了一批久经考验的干部队伍和善于钻研学习的科技人员队伍，为我国工业化建设提供了人才支撑，在全国孵化出众多的同类企业。

（二）号准时代脉搏，成就北方名城

1978 年开始，国家逐步探索确立社会主义市场经济体制下的工业化道路，工业化战略重心逐步转向市场配置资源、低成本出口导向、建设开放型经济。1984 年，大连成为国家确定的进一步对外开放的 14 个沿海港口城市之一。在改革开放的大潮中，大连号准时代脉搏，通过中外合资、合作经营和外商独资经营等多种形式，积极吸引外资和技术，集中建设了一批轻型、低能耗、低污染、技术先进的制造企业，发展起电子仪表、精密机械、精密冶金、精细化工、新型材料、高档轻纺、食品饮料等行业。同时，金融、旅游等第三产业加快发展，城市建设加大投入，城市面貌焕然一新。应当说，大连能够成就北方名城，缘于其在地理位置、自然资源、经济政策、社会治理、历史文化和科技创新等多个方面的突出表现。这些因素相互交织，共同推动了大连的繁荣和发展。

（三）加快结构调整，从制造到智造

进入新时代，我国新型工业化更加强调"四化"同步发展，强调满足创新驱动、包容和可持续的工业化要求，中国经济正从高速增长逐步转向高质量发展。大连始终牢记习近平总书记关于"两先区"建设的殷殷嘱托，积极践行新发展理念，扎实做好"三篇大文章"，加快推进产业结构优化升级，构建以现代服务业和先进装备制造业为主体、以战略性新兴产业为支撑、以现代都市农业为基础的具有大连特色的现代化产业体系。大连制造业逐步向智能化、高端化、绿色化方向发展。在工业自主创新方面，积极拥抱高新技术产业，加大对新能源产业与数字经济的投资研发。到 2025 年，大连将力争培育壮大生物医药与生命健康、洁净能源装备、新材料等战略性新兴产业，战略性新兴产业增加值占地区生产总值比重达 12% 以上。

全球首个陆上商用模块式小型堆"玲龙一号"核反应堆核心模块（大连市工业和信息化局 供图）

【知识链接】新质生产力

1. 新质生产力的概述

习近平总书记在不同场合对新质生产力进行了详细的阐述。新质生产力被定义为具有创新主导作用、摆脱传统经济增长方式、具有高科技、高效能、高质量特征的先进生产力质态。它由技术革命性突破、生产要素创新性配置、产业深度转型升级所催生，以劳动者、劳动资料、劳动对象及其优化组合的跃升为基本内涵，以全要素生产率大幅提升为核心标志。

2. 新质生产力的特点

新质生产力的特点在于其"新"和"质"，其中，"新"指的是新技术、新模式、新产业、新领域、新动能，"质"指的是物质、质量、本质、品质，而"生产力"则是推动社会进步的最活跃的要素。新质生产力突破了传统的经济增长方式，以高效能、高质量为基本要求，以数字化、网络化、智能化为基本特征。[1]

3. 新质生产力的发展趋势

新质生产力的发展趋势是数字化、高端化、绿色化。在数字化方面，新质生产力涉及的海量数据和信息资源，其流通不受时间和空间限制，可以灵活地融入生产劳动，优化全要素生产率。在高端化方面，新质生产力包含了尖端、精密、高级设备，如超级计算机、数据服务器、数据库、高端制造装备等。在绿色化方面，新质生产力本质上就是绿色生产力，它以科技创新替代资本驱动的现代化发展路径，能够通过大数据、先进计算等构成的新一代信息技术，加快绿色化、智能化、融合化。[2]

---

[1] 胡莹：《新质生产力"新"在何处》，《深圳特区报》2023 年 10 月 10 日。
[2] 贺高祥：《发展新质生产力是加快实现现代化的重要途径》，人才山东，http://www.rcsd.cn/rcsd20/news/msg/202405/t20240507_16587538.html。

二、优化升级产业结构："引进来""走出去"推动转型

　　传统产业是指劳动力密集型、以制造业为主的行业。传统制造业在国民经济中占据重要地位，为经济发展和稳定就业作出重要贡献。伴随着科技进步和产业结构变革，传统制造业如机械制造、化工制造、食品制造等，都面临着转型升级的压力和挑战。通过优化升级，传统制造企业可以提高生产效率、降低生产成本、提高产品质量和服务水平，不断增强市场竞争力，扩大市场份额。传统制造业优化升级需要企业、政府和社会各界的共同努力，如创新驱动、数字化转型、品牌建设、绿色发展、政策支持、国际合作等，推动其向着高端化、智能化、绿色化方向发展。

　　传统制造业在大连经济中占据重要地位，涵盖重工、船舶、轴承、机床、机车、医药等多个行业。这些行业发展历史悠久、技术基础雄厚，为大连经济发展作出了巨大贡献。随着国内外市场的变化和技术的不断更新，一些高耗能、高污染的行业逐渐失去了市场竞争力，市场需求疲软、产能过剩、技术落后等问题逐渐凸显，严重制约了传统制造业的发展。何以应对挑战？大连传统制造业选择加强研发和创新投入，开发具有自主知识产权的产品，提高产品附加值；通过引进先进的生产设备和技术，提高生产效率和产品质量，增强市场竞争力；通过"走出去"战略，加强与其他国家和地区的合作交流，拓展国际市场。未来，随着技术的不断更新和市场需求的不断变化，大连的传统制造业将继续向高端化、智能化方向进军突围。

中车大连机车车辆有限公司（大连新闻传媒集团　供图）

通过探寻中车大连的优化升级之路，我们可以清晰地看到大连传统制造业优化升级、不断增强产业竞争力的奋进轨迹——中车大连的发展可以追溯到1899年，在旧中国近半个世纪的晦暗时空里，它经历了风风雨雨的沧桑岁月。新中国成立后，中车大连蓬勃发展，从修理机车到制造机车，从制造蒸汽车到生产内燃车、电力机车、车轨车辆，逐步发展为中国中车旗下的核心子公司，被誉为新中国"机车摇篮"。

中车大连在产业结构优化升级方面锚定技术研发和创新、并购重组、合作交流等重要举措，不断提高企业竞争力和市场份额，进一步推动我国轨道交通装备制造业的转型升级。在技术研发和创新方面，不断推出具有自主知识产权的高新技术产品。如研制出我国首套年产35万吨聚丙烯挤压造粒机组，打破国外技术垄断，为我国相关产业的发展提供有力支持；采用轻量化城际列车设计，使列车更加节能环保，使用新型材料和先进的加工工艺，提高列车部件的强度和耐久性。在并购重组和合作交流方面，中车大连实现了企业规模扩张和产业结构优化，先后收购了上海轨道交通设备发展有限公司、西班牙的CAF、巴西的Siemens、澳大利亚的Collins Corrugated Holding Pty Ltd等多家国内外知名企业，不断拓展产业链和业务范围，推动我国铁路装备制造业的转型升级和国际化进程。

中车大连的优化升级是大连诸多传统制造企业不畏困难、勇于创新的缩影。大连传统产业在技术创新、品牌影响力、产业链配套能力、人才优势等方面持续发力，推动传统制造业向高端化、智能化、绿色化方向发展，不断提升产业竞争力，进而实现经济社会的可持续发展。

在技术创新方面，大连轨道交通装备制造、重型装备制造、船舶制造等在技术水平方面具有一定优势，持续注重技术创新和研发投入，通过引进吸收消化大量的先进技术，不断提高了产品创新和附加值。

在品牌影响力方面，大连的轴承、制冷设备、船舶配套产品等传统制造品牌，通过不断提高产品质量和服务水平，树立良好的品牌形象和市场口碑，在国内市场形成一定的影响力，并逐渐走向国际市场。

在产业链配套能力方面，大连的装备制造从原材料供应到零部件制造，从生产制造到产品销售等，形成了较为完善的产业配套体系，具有一定竞争优势。

在人才优势方面，大连装备制造领域拥有较为丰富的、具备较高专业素质和技术水平的技术人员和研发人员，为传统企业转型升级提供了充足的人才支撑。

未来，随着科技不断发展和社会需求不断变化，大连传统制造业将进一步加快创新和转型升级步伐，展现出更快、更好、更强、更绿色的产业竞争力。

三、以数智化为抓手：推动企业转型
跑出加"数"度

    智能化转型发展是指企业通过采用人工智能、物联网、大数据分析、云计算、自动化技术等先进信息技术，实现生产、管理和服务方式的根本性变革。这种转型旨在提高效率、降低成本、增强创新能力和市场竞争力，推动经济活动向着更加智能、高效、环保和可持续的方向发展。智能化转型发展是一个系统工程，需要综合运用技术、数据、人才、文化、政策等各种要素，协调发展技术架构、组织架构、生态协同、治理架构等各个结构，实现降本增效、决策优化、质量改善、客户体验增强、创新能力加强等功能，最终实现全面提升企业的工业自动化、信息化、数字化水平。

    大连在智能化转型发展上有自己的特色和优势，主要集中在制造业升级、港口物流、信息技术服务等领域。

    从制造业升级看，大连重工集团有限公司、大连华锐重工集团股份有限公司、大连亚明汽车部件股份有限公司等企业，积极推动传统制造业向高端智能装备转型，充分运用物联网、大数据、云计算和人工智能技术，实现生产过程的智能监控、预测性维护和资源优化配置。

    从港口物流智能化看，辽宁港口股份有限公司、中远海运港口有限公司等企业，开发智能化港口管理系统，构建基于大数据和人工智能的供应链管理系统，提高通关效率，实现自动化装卸，降低物流成本。

从信息技术服务看，大连软件园、东软集团（大连）股份有限公司、大连博达软件有限公司等企业，推动软件和信息服务业发展，推动电子商务、云计算服务、大数据服务等数字经济的发展。

大连亚明汽车部件股份有限公司是专业生产铝合金压铸件的知名企业，是奔驰、丰田、大众、福特、通用、松下、电装等世界 500 强企业的一级供应商，其产品包括铝合金缸体、缸盖、变速器壳体、离合器壳体等。大连亚明一直把发展智能化、数字化、信息化作为重要发展战略，多年来不断探索实践，着力打造数字化标杆智能工厂，赋能传统制造，推动企业数字化转型升级。通过研制具有自主知识产权的新能源汽车智能制造工业互联网平台，部署 5G 物联网与云计算平台，拓宽工业视觉与大数据服务场景，建立智能化生产管控系统与可视化平台，实现全流程的关键零部件智能制造与产业化。突破新能源汽车三电壳体全流程车间设计与高效、精密、智能压铸技术。结合工业视觉与深度学习算法，设计压铸件缺陷智能检测与智能防错工位，通过工艺远程维护，实现质量控制闭环；研发数据驱动的压铸模具智能化生产管理系统，升级车间多场景管控能力；建立三电壳体生产线数字孪生体，实现生产数据在高真实度虚拟空间的监测、追溯与预测；利用大数据技术对海量生产数据进行管理与追溯，实施工艺流程、设备运行和产品质量的多层级优化。研发出新能源汽车关键零部件 5G 在线缺陷检测系统、智能化生产管理系统、可视化生产管控中心、大数据服务云平台等工业互联网产品，开展高精密压铸件的智能制造的关键技术研究，开展产业化应用，满足高精密压铸件的智能制造，增强我国高精密压铸件生产行业的国际竞争力。

大连亚明汽车部件股份有限公司的智能化转型发展，是诸多大连智造企业加大技术创新、管理重构、人才支撑的缩影，最终目的是通过智能化手段，提升整个社会的生产力。一是技术创新。利用自动化设备和智能系统，如机器人和智能制造系统，提高生产效率和质量，减少人力需求。依托大数据分析，通过对海量数据进行挖掘和分析，为企业决策提供科学依据。二是管理重构。利用信息技术优化和重构业务流程，提高业务灵活性和响应速度。结合技术发展，探索新的商业模式，如共享经济、按需服务等。三是人才支撑。培养与智能化转型相适应的人才，需要有能够设计、开发和管理智能系统的专业人才，并调整组织结构以适应新的工作方式和企业文化。智能化转型发展是一个长期且复杂的过程，大连智造企业不断优化迭代，向着更强、更快、更好、更绿色迈进。

大连亚明汽车部件股份有限公司（受访企业 供图）

【知识链接】数智经济

数智经济是数字经济的进一步发展，它不仅涉及数字技术的应用，还强调了人工智能（AI）和大数据的智能化应用。可以通过分析数字经济的相关特性来推测数智经济的含义。

1. 数字经济的定义和特性

数字经济是指以数据资源作为关键生产要素、以现代信息网络作为重要载体、以信息通信技术的有效使用作为效率提升和经济结构优化的重要推动力的一系列经济活动。数字经济的核心产业是指为产业数字化发展提供数字技术、产品、服务、基础设施和解决方案，以及完全依赖于数字技术、数据要素的各类经济活动。数字经济的发展对世界经济的增长和结构变化产生了深刻的影响。

2. 数智经济的含义

数智经济是在数字经济的基础上，强调智能化应用和决策。在数智经济中，AI、大数据和云计算等先进技术被广泛应用，使得经济活动更加高效、智能化。例如，云计算是数字经济发展的关键支撑，它构筑了数字经济的底层核心，并且在云计算的帮助下，企业可以实现弹性供给。AI则可以处理大量的数据，帮助企业作出更明智的决策。

3. 数智经济的优势

数智经济的优势在于其能够提高经济效率、降低成本、提高产品质量和服务水平。AI和大数据的应用可以帮助企业更好地了解市场和消费者需求，从而制定更有效的经营策略。此外，数智经济还可以促进产业结构的优化升级，带动新的经济增长点。

四、做实产教融合：
打通科技成果转移转化链条

　　产教融合发展是指产业企业领域与教育科研领域的深度融合，它涉及教育科研体系与产业实践的紧密结合，通过这种结合可以更好地使教育科研内容与企业需求、市场变化保持同步，适应经济社会发展的需要。产教融合发展的目标是构建一个互利共赢的新型产教合作生态，不仅能提升教学科研机构的创新能力，同时也能为科技型企业输送更加匹配的高素质人才，促进经济社会持续健康发展。随着创新技术的发展和产业结构的升级，产教融合将成为教育科研改革与经济社会发展的重要推动力。

　　产教融合发展是一个复杂的系统工程，其主要功能包括以下几点。

　　一是知识创新。教育科研机构与企业的合作促进科学研究与技术开发的结合，推动了知识的创新与更新。

　　二是资源优化配置。通过产教融合，实现教育资源与产业资源的优化配置，提高资源利用效率。

　　三是社会服务。教育科研机构与社会产业的融合，直接服务于社会经济发展，尤其是在地方经济建设和技术服务方面起到重要作用。

　　四是文化传承与创新。产学研合作不仅可以传承行业文化，还可以推动企业文化与学术文化的交融与创新。

　　大连拥有多所知名高校和科研机构，是我国东北地区重要的科技、教育基地。拥有大连理工大学等 30 所高等院校，中国科学院大连化学物理研究所（以下简称大连化物所）等 14 个科研院所，国家级科技创新平台 110 家，市级以上科技创新平台 549 家，31 位两院院士、7000 多名高层次人才，人才资源总量达 188 万余人。大连产教融合发展具有良好的人才支撑和基础条件，特别是大连理工大学、大连化物所等教学科研机构承担着基础研究、应用研究以及高新技术研发等重要任务，与企业构建起紧密的产学研用联合体系，其合作涉及船舶制造、海洋工程、软件和信息技术、生物医药、新材料等多个领域，推动地区经济转型升级和高质量发展。

　　大连融科储能技术发展有限公司是一家专注于储能技术研发和应用、依托大连化物所而成立的企业。大连化物所在全钒液流电池储能技术方面有着深厚的研究背景和技术积累，为大连融科储能提供技术支持和研发指导，大连融科储能则将这些技术应用到实际生产和市场中去，实现科技成果的转化和应用。大连融科储能是将这些技术成果进行产业化应用的重要平台。

　　全钒液流电池储能技术是一种以钒离子为基础的可充电流电池技术，用于有效地储存和释放电能。它的工作原理建立在钒离子在不同价态之间转换的能力上，这种转换过程伴随着能量的吸收和释放。大连融科储能与大连化物所之间有着紧密的全钒液流电池储能技术合作关系。大连化物所和大连融科储能拥有一支专业的技术团队，涵盖了材料科学、电化学、机械设计等多个领域。其领军人物陈剑曾在大连化物所工作多年，从事全钒液流电池技术的研发和应用，凭借深厚的科研背景和丰富的实践经验，成功将全钒液流电池技术从实验室推向市场，实现了该技术的产业化应用。如今，大连融科储能技术发展有限公司逐渐成了全球领先的全钒液流电池储能系统解决方案提供商，在储能材料、电池系统、能量管理等方面拥有多项核心技术，并具有自主知识产权。大连融科储能的产品广泛应用于电力、交通、工业、建筑等领域。其中，公司的储能电池系统具有高效、安全、可靠等特点，已被广泛应用于风电、光伏、电网等多个领域。同时，还积极探索储能技术在新能源汽车领域的应用，具有模块化和可扩展性、快速充放电能力、长周期寿命、安全性等特点。

大连融科储能技术发展有限公司（大连新闻传媒集团 供图）

从大连融科储能的产教融合发展中可以清晰洞见大连创新型企业产学研合作促进教育科研与产业界合作共赢、实现教育科研质量和产业发展的双赢的基本进路。

面向未来，向"新"而行、向"融"而行，大连企业依托强有力的产业基础和高等教育资源，不断探索适合自身发展的模式，致力于构建更加紧密的产学研合作体系，加快推动经济转型升级和高质量发展。

五、高筑绿色屏障：
用环保之钥开启绿色未来

　　绿色可持续发展是指在不损害环境的前提下，推动经济增长和社会发展的一种发展模式。作为一种综合性的发展模式，绿色可持续发展强调平衡经济发展和环境保护之间的关系，确保资源的合理利用，减少污染和废物，保护生态系统。提倡绿色生产方式和推进清洁生产是实现绿色可持续发展的关键措施，通过提高资源使用效率，如原料、能源、水等，减少资源消耗；开发和应用更加清洁的生产技术，减少废物的产生和排放；采用先进的能源管理系统，优化能源使用结构，提高能源利用效率。

　　大连作为我国重要的石化产业基地，拥有较为完善的石化产业链，包括上游的石油开采与进口、中游的炼油与化工生产，以及下游的化学品加工与分销，均面临着环保压力与产业升级的双重挑战。绿色可持续发展已成为大连石化产业的必然趋势和发展方向。如通过采用高效节能技术，减少能源消耗，降低温室气体排放；通过更新传统生产线，使用更清洁的生产技术，减少环境污染；通过建立石化产品的回收再利用体系，推行废物的循环使用；通过产业升级，减少对传统石化产品的依赖，发展高附加值的石化新材料和精细化工产品；等等。

　　恒力（大连长兴岛）产业园，是东北振兴的标志项目、大连工业史上最大

恒力（大连长兴岛）产业园（大连新闻传媒集团 供图）

的石化项目。产业园坚持把建设"内在优、外在美的世界一流企业"作为
战略目标，持之以恒地打造最具竞争力的产业链供应链，并围绕双碳目
标，在节能、降耗上狠下功夫。"内在优"就是充分发挥石化和纺织上下
游一体化的优势，打造物料互供、流程联合、能量耦合、管理协同、风险
共担的现代化产业链供应链，实现资源的最优化配置；"外在美"就是不
断追求将资源、能源的梯级循环利用做到极致，建设资源节约型、环境
友好型、本质安全型的现代企业，成为国内外领先的绿色工厂典范。园
区绿化率达到 40%，2017 年获评国家级"绿色工厂"称号。园区所有项
目以清洁生产为原则，通过选用先进成熟的生产工艺技术，将生产过程中
的污染物排放降至最低。园区硫磺装置把原油加工过程中的硫全部回收、
转化成硫磺产品，从源头上杜绝酸雨物质的产生，园区采用余热回收系

统，优化能源回收再利用，节约能源。园区每年可节约标煤 120 万吨，节约淡水 4000 万吨，增产淡水 1600 万吨；园区内每小时供应 5000 吨的七种等级蒸汽，实现能源梯级高效运用，为全球临海大型石化项目在水资源和能源综合利用方面，开辟环境友好、低能耗、高产出的可持续发展之路。

恒力（大连长兴岛）产业园的绿色可持续发展追求还体现在实现经济效益和公平双重目标的并进上。一是为员工提供安全、健康和舒适的工作环境，确保员工的权益得到保护。能够为员工提供培训和发展机会，帮助他们提高技能和职业发展。二是与长兴岛当地政府、社区组织和其他相关方建立积极合作关系，推动共同发展。通过与社区合作，可以为长兴岛当地居民提供就业机会和其他经济机会，促进区域的经济增长。三是关注环境和社会责任，通过降低能源和资源消耗、减少污染排放、推广绿色技术等方式，提高经济效益的同时保护环境。

恒力（大连长兴岛）产业园（大连新闻传媒集团 供图）

恒力（大连长兴岛）产业园的绿色可持续发展不仅帮助大连提升了在全球石化产业中的竞争力，还使企业占据环保优势，实现经济、社会环境的绿色和谐发展。综观实现绿色可持续发展的关键原则，有以下几点。一是环境保护。优先考虑环境保护，防止生态系统遭到破坏，保护生物多样性，并通过减少废物和污染来保持自然资源的清洁和丰富。二是低碳发展。通过减少温室气体排放，推动向低碳经济转型，鼓励使用可再生能源，如风能、太阳能和水能等，以及提升能源效率。三是资源效率。提高资源（包括能源、水和原材料）的使用效率，通过循环经济和可持续生产消费模式减少资源的浪费。四是经济效益与公平。确保经济活动带来持久的利益，同时为所有人提供公平的经济机会，包括支持贫困和边缘化群体的发展。

六、结语 积极推进新型工业化，助力现代化产业体系

实体经济是一国经济的立身之本，是财富创造的根本源泉，是国家强盛的重要支柱。习近平总书记在新时代推动东北全面振兴座谈会上强调，推动东北全面振兴，根基在实体经济，关键在科技创新，方向是产业升级。建设实体经济发达的现代化产业体系是推动大连市高质量发展的必然要求。

新型工业化是现代化产业体系建设的核心和基础，两者相辅相成、相互推动。只有推动新型工业化，才能有效构建和完善现代化产业体系，实现经济持续健康发展和社会全面进步。大连市始终坚持以实体经济为根基，坚持工业立市、产业强市，加快推进新型工业化，以科技创新推动产业创新，构建具有大连特色优势的现代化产业体系。

（一）培育新质生产力，增强发展新动能

一是准确把握新质生产力的内涵。新质生产力是以科技创新驱动高质量发展的现代生产力。它是在新一轮科技革命和产业变革进入数字时代孕育兴起的，以大数据、互联网、区块链、人工智能等工具体系为代表的现代生产力系统。新能源、新材料、先进制造、电子信息、人工智能等都是新质生产力的表现形

式。二是明确新质生产力和实体经济的关系。新质生产力是实体经济发展的重要推动力，能够有效推动实体经济的产业升级和转型，提高生产效率和产品附加值，促进实体经济可持续发展。同时，实体经济是新质生产力的重要应用场景和载体，唯有在实体经济的广泛应用和实践中，新质生产力才能实现其价值和作用。三是加快培育具有竞争力的实体经济。加快形成新质生产力，大连市要拥有一批实力强大的龙头企业和"专精特新"中小企业，拥有先进的生产技术能力，在做实做强做优实体经济中发挥重要的牵引作用。龙头企业和"专精特新"中小企业要加大研发投入，加强科技创新能力。政府要支持、鼓励、引导实体经济健康发展，形成多种所有制企业共同发展的良好局面。

（二）加快传统优势产业转型升级，强化创新驱动之本

一是提升大连装备制造业及零部件制造业智能化水平，推动新一代汽车、高端轴承、先进轨道交通装备及高端数控机床等高端装备制造业集群式发展，产值达到 1900 亿元，省内平均配套率超过 43%。推动"15＋N"条产业链双向延伸，提升产业链供应链韧性和安全水平。二是打造世界一流的绿色石化产业基地。大连市石化产业体系涵盖石化、化工、橡胶和塑料等多个领域，以炼油、乙烯、芳烃等为主要产品，以长兴岛、松木岛、大孤山为重点，推动石化产业转型升级和绿色发展，加快石化产业向中下游发展，努力打造世界一流的绿色石化产业基地。三是重点建设船舶与海工装备、核电装备战略基地。大连市船舶工业经过百余年的发展，已基本形成了集船舶建造、修理、配套、技术研发及试验设施等为一体的船舶工业体系，在企业规模、经济总量、研发能力和新产品开发上处于全国领先水平，具备建造 30 万吨及以下各种类型船舶产品的能力，是中国北方地区造船业龙头城市。不仅如此，大连市在核电装备的研发、制造和出口方面都具有显著的竞争优势，中国一重、大连华锐重工等具备规模、

技术、效能等优势，为大连市核电装备制造业进一步发展奠定了良好的基础。大连市必须抢抓机遇，主动承接国家重大生产力和战略科技力量布局，重点建设船舶与海工装备、核电装备战略基地。

大连船舶工业产品（大连市工业和信息化局 供图）

（三）发展壮大战略性新兴产业，筑牢实体经济之基

一是加快先进电子信息制造业、软件和信息技术服务业高端化发展。构建完善以企业为主体、市场为导向、产学研相结合的技术创新体系，推进中国电子集团、大连数谷、SK海力士、贝特瑞等重点项目建设。二是培育生物医药产业和先进医疗装备产业集聚区。加速推进生物研发中心及大健康产业研发孵化

基地等项目建设。面向医疗器械高端化需求，支持企业开展医学影像诊断、医学检验、高性能治疗及康复、医用电子专用监护仪器、植（介）入医疗器械等高端诊疗及辅助设备的研发和智能制造，培育高端医疗器械产业集群。推进复星疫苗生产基地、欧姆龙医疗器械基地、美罗中药医药产业园等项目建设投产。三是建设风光火核储一体化能源基地。推进庄河核电、海上风电和抽水蓄能电站建设，发展普兰店、瓦房店和长海风电项目，促进融科储能全钒液流电池储能项目规模化应用，加快氢能开发利用，推动制、储、运、加、用全产业链发展，规划建设绿电产业园，清洁能源产业产值达到 620 亿元。四是培育以通用航空和无人机为重点的低空经济产业。从产业链来看，低空经济包含上游的航

大连庄河海上风电项目（王华 摄）

天器生产制造商、中游的服务运营商和下游的应用端，涵盖了通航制造、物流、旅游、农业等多个行业领域，具有综合性经济形态。大连市要以在金普新区建设通用航空产业园为契机，加快推动低空经济发展。

（四）前瞻布局未来产业，点燃发展新引擎

一是超前谋划一批未来产业。围绕新一代人工智能、元宇宙、第三代半导体及柔性电子、深海开发等领域，推进新型技术和新兴产品的研发突破和产业化应用。二是超前布局前沿技术和颠覆性技术。积极争取布局元宇宙重大科技专项，聚焦数字孪生、人工智能、区块链、脑机接口、VR/AR、智能穿戴等领域，实施"揭榜挂帅"，攻克一批突破性、颠覆性核心技术，培育一批细分领域的消费级产品及行业级解决方案。三是加快建设高能级创新平台。深化校地协同合作，支持大连市高校、科研院所优化学科布局和研发方向，共同搭建元宇宙创新实验室、创新联合体等更高能级的科创平台，持续催生元宇宙技术创新裂变。

第二章

从活力之源到科创之城:
建设具有全国影响力的
区域科技创新中心

习近平总书记深刻指出:"实现高水平科技自立自强,是中国式现代化建设的关键。"2013 年 8 月,习近平总书记在大连高新区视察时,提出"创新驱动要从高新区开始",要求"把'高'和'新'两篇文章做实做好"。大连始终牢记总书记的殷殷嘱托,高度重视科技创新及其引领带动作用,先后提出建设"东北亚科技创新创业创投中心""创新策源中心""具有全国影响力的区域科技创新中心"等奋斗目标,其核心就是将创新驱动发展作为优先战略,立足高水平科技自立自强,以科技创新为核心带动全面创新,把大连建设成为区域性创新技术策源地、创新成果转化地、创新人才集聚地、创新创业新高地,为国家高水平科技自立自强提供大连智慧。

所谓区域科技创新中心,是在一定区域范围内,科技创新资源和创新活动相对集中,科技创新实力较强,在技术、产业、人才、资金和信息等方面对区域创新发展具有引领与辐射带动作用,以科技创新作为主要发展驱动力的城市或地区。作为全国最早一批创新型试点城市,大连拥有丰富的高等教育资源、大量高层次人才和重要创新平台资源,经过多年的发展和积淀,逐步形成了以高新区为区域科技创新中心核心区、英歌石科学城为原始创新策源地,辐射全市的发展新格局,依托中国科学院大连化物所、大连理工大学等源头创新主体的带动作用,正在探索构建"科学研究—技术研发—产业创新"良性循环的创新生态,以期顺畅将科教和产业优势转化为发展优势,进而引领带动区域经济实现高质量发展。

一、谱写"又高又新"大文章：
大连高新区向"新"谋变

　　大连高新区是 1991 年 3 月经国务院批准设立的首批国家级高新区。30 多年来，从国家"火炬计划"布局在大连的一枚"火种"，到如今成为产城融合发展的国家自主创新示范区，大连高新区始终坚持"发展高科技，实现产业化"的初心使命，把园区建成城市科技创新领域核心区，以科技创新带动产业创新，对贯彻落实国家创新驱动发展战略，推动大连经济社会高质量发展发挥着举足轻重的作用。

大连高新区（王华 摄）

　　建区 30 多年来，大连高新区早已"破茧成蝶"。从 1991 年至 2021 年这 30 年的数据看，高新区从当初仅有 30 多家小企业、不足 500 名从业人员的"星海电子一条街"发展成为 2021 年拥有辖区人口 30 余万、企业 19912 家、从业人员 20 余万人的科技产业集聚区。地区生产总值从不足 1 亿元发展到 363 亿元，复合年增长率达到 21.71%；出口创汇从几乎为零到近 10 亿美元；财政一般预算收入从不足 600 万元增长到 30 多亿元，30 年间增长了 500 倍。如今大连高新区已经完成了从最初的工业园区到科技工业园区再到创新综合体的华丽转变。

大连高新区新貌（大连新闻传媒集团 供图）

　　从统计数据看，高新区在大连城市发展中起到了创新发展"核心区"和经济增长"发动机"的重要作用。以"十三五"时期为例，大连高新区 5 年间地区生产总值年均增速在全市位列第二，除 2018 年外，地区生产总值的增速始终快于全市平均水平。大连高新区对全市地区生产总值平均贡献度高于 5%，且 5 年间提升幅度超过 10%。

1991 年至 1997 年是大连高新区发展的初创期，当时正处于我国改革开放初期，国家工业基础薄弱，高技术产业基本空白。因此，各地国家高新区走的都是优先发展工业的路子。大连高新区建设的思路也是如此，相继开发建设了星海高技术市场、七贤岭产业化基地、由家村产业化基地、黄河路科技城。这一阶段，大连高新区虽然具备了一定的经济基础和产业实力，但只能称作一个工业企业聚集区，而且产业大多处于加工制造的价值链低端。如何把科技创新作为发展的根本，发挥促进科技与经济相融合的作用，大连高新区一直探寻着转型之路。

机会来了，"千年虫"问题①急需解决带来了难得的发展机遇。彼时发达国家对电脑系统开发有巨大需求，但同时又面临劳动力紧缺且需要降低成本等问题，于是纷纷在全球寻找适宜业务转移的国家或地区。日本作为信息化较早的国家，为解决"千年虫"问题，对"日语＋信息技术"复合型人才的需求激增，而大连基于地缘和历史优势，必将是最佳外包业务承接地。大连市敏锐地抓住了这次机遇，决定举全市之力发展软件和信息服务业。1998 年，大连在全国第一个组建信息产业局，在高新区奠基建设大连软件园，首创"官助民办"建设运营模式，发挥企业主体作用，拉开了软件产业发展序幕。大连由此成为全国发展软件产业第一城。高新区作为主战场，完成了一段软件产业从无到有、由小到大的发展创举，软件和信息服务业成为高新区的主导产业。大连高新区 30 多年的发展史有 22 年是与软件和信息服务业的发展轨迹重合的。大连全市的软

---

① "千年虫"问题，指在某些使用了计算机程序的智能系统（包括计算机系统、自动控制芯片等）中，由于其中的年份只使用两位十进制数来表示，因此当系统进行（或涉及）跨世纪的日期处理运算（如多个日期之间的计算或比较等）时，就会出现错误的结果，进而引发各种各样的系统功能紊乱甚至崩溃。

件和信息服务业企业高度集中在高新区，高峰时期曾占全市总数的近 90%，入驻大连从事信息技术业务的世界 500 强外资企业及跨国企业也全部集聚于高新区，成为享誉国内外的特色产业集群。

大连高新区的软件和信息服务业是如何一步一步发展起来的呢？

软件业的起步期是 1998—2001 年，当时的区域发展定位是"对日外包桥头堡"。在国际市场尤其是日本市场的强劲拉动下，大连市政府通过政策引导，将散落在全市的信息技术开发企业、数据录入企业集聚在大连软件园，形成了软件企业集聚的雏形，其间引进了东软集团建设东软软件园，引入第一家外资外包企业 GE（现称为简柏特）。随后，诺基亚、西门子、阿尔派、NEC 等全球 500 强企业逐渐在此设立机构，从事对日、对欧美的以信息技术为核心的开发及服务。

为解决人才短缺问题，市政府支持高校开设软件学院。2000 年，国内第一所民办软件学院——东北大学东软信息技术学院成立。2001 年，大连理工大学成立了软件学院，其他众多高校也相继设立计算机软件相关专业，为后期大批国内外重量级企业落户高新区提供了人才供给保障。

2002—2008 年，是高新区软件产业快速扩张期，区域发展定位也从"对日外包桥头堡"转变为"建设全球软件和服务外包新领军城市"。软件园一大批中小企业围绕上述大企业开展协力业务，形成了良好的外包业务生态，加快了软件业收入和出口增长。基于三年起步期打下的良好基础，2001 年以来，软件园产业规模持续扩大，销售收入从 2001 年的 15.3 亿元，到 2005 年突破 100 亿元大关，再到 2008 年达到 306 亿元，年均增长 65.2%；软件业出口从 2001 年的 0.3 亿美元迅速增长到 2008 年的 10.5 亿美元，增长了 34 倍。企业数量达到 800 家，从业人员达到 7.6 万人。这一时期大连软件产业实现了高速发展，成为大连高新区的主导产业。2008 年，大连高新区获批为国家信息产业高技术产业基地，大连（日本）软件园成为我国首个在境外设立的软件园。受益于高新区的拉动，大连市软件产业增加值占全市地区生产总值的比重由 2001 年的 0.6% 提高至 2008 年的 5.3%。

　　与此同时，软件企业投资踊跃，产业发展环境不断优化。新加坡腾飞集团投资建设大连软件园腾飞园区，香港瑞安集团投资建设黄泥川软件园，东软国际软件园、七贤岭产业化基地相继建成使用，一批写字楼沿着黄浦路两侧拔地而起。当时大连软件园一期的楼宇还未建成，大量企业就已排队等候入驻，可见其"火爆程度"。借此良好发展态势，大连 2003 年提出建设"旅顺南路软件产业带"的战略规划，产业带贯穿大连高新区。到 2008 年，90% 以上的销售收

大连河口软件园（王华 摄）

入和 94% 以上出口都由旅顺南路软件产业带上的企业所创造。为解决企业对实用型人才的需要，政府一方面大力推动人才培养工作，逐步构建由"30 所高等院校软件相关专业 +5 所高校软件学院 + 近百家社会力量办学机构"组成的多层次人才培养体系，开展"订单式"人才培养，扩大基础人才供给量；另一方面，大连高新区出台了全国第一个高层次人才税收奖励政策，对吸引留住大批企业骨干和关键人才起到关键作用，解决了企业人才供给问题。自 2003 年开始，大连市政府每年举办国家级专业展会——中国国际软件和信息服务交易会（现

更名为中国国际数字和软件服务交易会），为提升大连软件产业知名度和城市美誉度发挥了重要作用，也为高新区带来了大量客户和关注度。

2007 年，在美国 IDC 公司发布的软件服务外包全球交付指数（GDI）城市排名中，大连名列全球第五、中国第一。软件产业成为代表大连的一张闪亮的城市名片和创新品牌，大连市及其高新区由此赢得了许多国家级荣誉。2003 年，大连高新区获批"国家软件出口基地"；2004 年，被国家发展和改革委员会、信息产业部、商务部授予"国家软件出口基地"；2005 年，获批科技部"软件外包产业集群试点"。大连高新区成为全国高新区学习的榜样。中央领导多次到大连高新区视察，国内外政要纷至沓来，《纽约时报》《日经新闻》等国外媒体都作专题报道，美国著名专栏作家托马斯·弗里德曼也将大连发展软件业写入了《世界是平的》一书，扩大了大连在海外的影响。

2008 年国际金融危机爆发后，国际市场需求大幅收缩，国内劳动力成本不断攀升，低附加值的软件外包业务受到双重夹击，大连高新区软件产业遇到发展瓶颈。此后，国内互联网发展迅猛，中国相关市场需求不断释放，大数据、云计算、物联网、人工智能等

日新月异的大连高新区（大连高新区管委会 供图）

新技术兴起，互联网经济、共享经济、平台经济快速发展起来，我国南方城市抓住了这一轮机遇，经济与产业迅速崛起。相比之下，大连高新区的产业转型不明显，对原有产业路径依赖较重，错失了互联网经济发展的良机，高新区发展急需转型调整。

2013 年 8 月，习近平总书记到辽宁考察时，第一站就来到大连。总书记十分关心大连创新驱动发展战略实施情况，到高新区的一家科技型企业进行视察，看了大连多家代表性科技型企业的先进科技产品集中展示，指出"创新驱动要从高新区开始"。"高新区是科技的集聚地，也是创新的孵化器。看一个高新区是不是有竞争力、发展潜力大不大，关键是看能不能把'高'和'新'两篇文章做实做好"。

习近平总书记作出的"又要高又要新"的重要指示，为高新区发展指明了前进方向。大连高新区坚决贯彻落实习近平总书记的指示精神，提出了"IT+"

发展战略。一方面，推动软件和信息技术服务业加快转型升级，鼓励支持大连软件和服务外包企业探索走向国际国内双市场、IT 服务与产品创新双发展之路；另一方面，积极拓展园区产业与业务领域，大力培育和引进电子商务、科技金融、工业设计、文化创意、新能源和储能技术、生物医药和健康医疗、物联网和云计算等企业，推动形成多元化产业结构。与此同时，高新区出台了"众创十二条""科技创新十条"等 10 多部政策，创办了"中国海创周"，相继实施"海创工程""科创工程"，支持海外学子和科技人员创新创业。经过深入转型调整，高新区企业外包业务向价值链高端提升取得较大成效，并且催生出一批创新型企业，园区产业整体创新能力有所提升，大连高新区由此完成了从工业园区到科技园区的重要转变。

2014 年开始，创新创业热潮席卷全国。科技部由此开启实施高新区建设升级版计划——创建国家自主创新示范区，以期在推进自主创新和高技术产业发展方面先行先试、探索经验、作出示范。2016 年 4 月，大连与沈阳双城获批创建沈大国家自主创新示范区（以下简称沈大自创区）。为扎实推进沈大自创区建设，辽宁省制定出台了《沈大国家自主创新示范区三年行动计划（2017—2019年）》，大连市政府每年印发"三年行动计划"的年度工作推进方案，确定工作目标和重点任务，将工作分解落实到地区和部门，并且制定了《大连国家自主创新示范区考核评价办法》。大连高新区保质保量地完成了各年度目标和主要任务，并逐步将园区建设成为大连"2025 创新中心"中的"四个中心"。

2020 年 10 月，党的十九届五中全会强调"十四五"时期经济社会发展要以推动高质量发展为主题。大连高新区认真分析所处的发展定位、历史方位，提出"重整行装再出发"，牢记习近平总书记"又要高又要新"的殷切期望，面向 2025 年、2035 年谋篇布局，将大力推进科技创新、以科技创新引领带动新兴产业发展作为时代使命，着力在完善科技创新体系、谋划布局新兴产业、开拓发展空间格局上"三管齐下"，努力走出一条"科技强—产业强—经济强—大连

中国海外学子创业周（王华 摄）

强"的"又高又新"高质量发展新路子。

一是完善科技创新体系。着力以制度创新推动科技创新，促进创新链、产业链、资金链、人才链四链融合。大连高新区于2020年推出《关于集聚创新要素推动"又高又新"高质量发展若干政策》（简称"高新二十条"），并在2023年进行了修订。2020年版"高新二十条"以"真金白银"赋能了全区"又高又新"高质量发展。2023年版"高新二十条"更是"精准支持，直达快享"，无论在企业奖励、固定资产投资、科技金融方面，还是在人才引进培养方面，都聚焦于企业、人才需求点，靶向发力。经测算，新版"高新二十条"年兑现资金总额约为 3 亿元，扶持企业的力度更大了，而且执行兑现更快了，企业获得感更强了。另一项有特色的制度创新是企业创新积分制，大连高新区是全国首批 13 家企业创新积分制试点园区之一，是辽宁省乃至东北地区唯一试点园区。经过 3 年的实践探索，已形成 9 大维度 37 个指标的评价体系，成为精准支持企业创新的工具。截至 2022 年，园区已累计为省市科技奖励、"揭榜挂帅"科技攻关项目、"海聚计划"引智项目及外国高层次人才项目等推荐优质企业 76 家。通过企业创新积分，7000 多家企业被纳入企业培育库；高新技术企业申报量同比增长 23%；规模以上企业研发投入同比增长 24%；11 家合作银行为企业授信总额度达 61 亿元。2022—2023 年，大连高新区连续两年受到科技部的表彰，获评 2022 年"企业创新积分制优秀工作单位"。

二是谋划布局新兴产业。大连高新区明确提出推动产业结构逐步由"软"（软件产业）向"工"（新型工业化）转变，推动软件企业向产业链高端转移、向高附加值拓展，积极布局战略性新兴产业和未来产业，前瞻性谋划"1+8"产业发展方向，提出加快提升软件和信息技术服务业，提前布局元宇宙产业、加快推进车联网产业、着力发展洁净能源产业、大力推进生命健康产业、继续抓好文化旅游产业、积极推进智慧海洋产业、合理布局高端装备制造业、配套抓好数字贸易产业。九大产业同频发展，相互推动，以数字化带动九大产业的智慧化和高质量发展。努力构建以数字技术为底色、以科技创新为引领、以高新技术产业为先导的现代化产业体系。

三是开拓发展空间格局。2022 年以来，高新区创新性地实施"一城六区多园"的空间发展模式，构建"一城突起、六区协同，各具特色、融合发展"的基本格局。其中，"一城"是英歌石科学城，"六区"是在黄浦路至旅游南路及郭水路的高新技术产业走廊上，主要依据行政区划和产业分布形成的六个相对集中的产业园区。同时，按照飞地经济模式，在其他地区建设分园，成立了"飞地经济"发展领导小组和服务中心，未来分园将成为科技成果转化和产业化的承接地。大连市政府出台了《关于支持大连高新区发展"一区多园"建设的若干意见》，将积极构建以大连高新区为策源地，辐射大连市的"一区多园"发展新格局（见表1）。

表 1　大连高新区"一城六区多园"的空间发展模式

	地点	发展定位
"一城"	英歌石科学城	具有国际影响力的创新策源中心、全球领先的洁净能源创新中心
"六区"	凌水	软件信息技术服务业区
	七贤岭	数字技术开发应用区
	小平岛	建设现代服务业区
	黄泥川	智能制造产业区
	龙王塘	休闲旅游区
	龙头	智能装备制造区
"多园"	在长兴岛、金普新区、甘井子、旅顺口、瓦房店等地建分园	科技成果转化和产业化的承接地

进入新发展阶段，大连高新区在做实做好"高"和"新"两篇大文章上下足了功夫，开创了"又高又新"高质量发展的良好局面，从近10年来的统计数据上就可"窥一斑而见全豹"。

10年来，高新技术企业数量从130多家增长至1300多家，中小型科技企业发展到2227家。

10年来，有效发明专利授权量从不足3000件提高到9400多件；技术合同成交额从10.7亿元上升至超过180亿元，实现了十几倍的增长。

10 年来，在这里建立了 5 个国家重点实验室，6 个国家工程（技术）研究中心、实验室，5 个国家协同创新中心，180 多家省级以上创新平台，30 家省级产学研联盟。[①]

在大连高新区启动实施的"一城六区多园"空间发展模式中，"一城"是核心和龙头，即英歌石科学城。英歌石科学城的发展定位是具有国际影响力的创新策源中心，聚焦能源革命科技创新需求和"碳达峰碳中和"国家战略，结合辽宁、大连优势产业基础和未来产业方向，确立了以洁净能源这个"1"为主线，向智能制造、生命健康、海洋工程和新一代信息技术等"X"个战略新兴领域延伸的"1+X"科研方向。

英歌石科学城建设采取"领导小组+公司"的开发模式，大连市组建了以市委书记、市长为双组长的英歌石科学城规划建设领导小组，成立了英歌石科技产业发展有限公司，负责科学城的融资、投资、建设、运营及后期科研成果转移转化。2022 年以来，英歌石科学城的建设开发正在以"软""硬"兼施的方式积极推进，即一边建立健全体制机制，一边推进工程建设。

一是建立健全体制机制。英歌石科学城为打通研发链与产业链，积极探索科研管理制度创新和成果转化机制创新，重点抓两个关键"端口"。一方面重视"实验室端口"，成立了引智理事会和专家委员会，采取专班谈判评价－专家委员会评审－引智理事会评估的三级审核评估机制，对拟入驻实验室、平台、项目开展评审、评估，提供决策意见。对入驻项目实施科学研究由研究人员"说了算"，充分体现"6 个自主"，即科研条件自主确定、科研经费自主使用、科研方向自主选择、科研攻关自主联合、科研人才自主选聘、成果转化自主适用。与此同时，实行理事会管理下的主任负责制、首席科学家制，科研项目"揭榜

---

① 《潮涌黄海岸　迎风势正起——大连高新区以高水平科技创新引领高质量发展纪实》，《辽宁日报》2023 年 5 月 18 日。

建设中的大连英歌石科学城（大连高新区管委会 供图）

挂帅"制，并创新考核机制，开展中期、长期评估，强化正向激励，鼓励科研人员开展"卡脖子"关键技术攻关和产业化应用。另一方面重视"市场端口"，加快构建科技成果本地转化全链条促进机制，坚持成果转化由市场"说了算"，表现为"6个有"，即研究内容有价值评估、成果展示交易有公共平台、科研人员有价值持有、成果转化有基金支持、项目落地有政策扶持、创新创业有孵化资源。在加强综合服务方面，成立了上海技术交易所大连服务中心，为成果转化提供专业服务；加快组建企业主导、面向成果转化的科技创新综合体，通过提供应用场景、建设示范应用工程，加快推动共享式中试基地和企业研发中心建设，推动产学研深度融合，加速科技成果产业化和迭代创新。在强化政策激励方面，落实调度机制、"赛马"机制和考核机制，围绕"1＋X"科研方向深化创新链、产业链招商，进一步优化产业扶持政策，吸引知名高校院所、科研机构、龙头企业在科学城布局研发中心、产学研创新基地、中小试基地和成果转化项目，带动上下游企业协同发展。

二是加快推进工程建设。英歌石科学城规划分三期进行，一期首开区将启动建设 39 万平方米实验室项目，加快推动中国科学院洁净能源创新研究院（总部）高水平建设，重点布局"1132"高能级创新平台，即大连先进光源大科学装置，中国科学院大学能源学院，三个全国重点实验室（能源催化转化全国重点实验室、工业装备结构分析优化与 CAE 软件全国重点实验室、高性能精密制造全国重点实验室），辽宁滨海实验室（洁净能源、精细化工与催化研究方向）、辽宁黄海实验室（高性能精密制造研究方向），高质量建设大连凌水湾实验室（中药合成生物技术与工程、中药标准化与现代化等研究方向）、大连化物所实验室组群（航天催化材料、分子反应动力学、膜技术工程等研究方向）和大连理工大学实验室组群（精细化工、海岸和近海工程等研究方向）。截至 2023 年底，英歌石科学城 39 万平方米高能级科研平台建设和 14 万平方米的科研服务配套设施及市政工程建设扎实有序推进，大连先进光源大科学装置预研项目——大连先进电子束测试平台已实现主体封顶。辽宁滨海实验室、辽宁黄海实验室、大连凌水湾实验室等项目基本建成，大连理工大学、大连化物所实验室组群主体结构完工。

未来，大连高新区将以英歌石科学城作为科技创新特别是原始创新的主战场，紧紧围绕建设具有国际影响力的创新策源中心的鲜明定位，强化原创性、引领性科技攻关，以科技创新推动产业创新，助推大连实现创新能级、产业能级和城市能级全面跃升，在新时代东北振兴上展现更大担当和作为，为中国式现代化贡献科技力量。

二、开拓"光""能"新天地：
大连化物所接续突围 [①]

　　大连化物所是新中国最早建立的科研机构之一。创建于 1949 年 3 月，当时定名为"大连大学科学研究所"，1961 年底更名为"中国科学院化学物理研究所"，1970 年正式定名为"中国科学院大连化学物理研究所"。

　　大连化物所将发展战略目标确立为"创建世界一流研究所"，该所在 2019 年全国研究机构科技创新 50 强中位列榜首。建所 70 多年来，大连化物所坚持以"国之所需，科研所向"为宗旨，攻坚克难，勇攀高峰，取得科研成果 700 余项，曾先后获国家奖励 87 项，获中国科学院、省部级一等奖及以上奖励 400 余项，特别是获得了我国在科学技术领域设立的最高荣誉"国家三大奖" [②] 的"大满贯"。例如，刘中民院士科研团队的甲醇制取低碳烯烃（DMTO）技术荣获 2014 年度国家技术发明奖一等奖；包信和院士科研团队的"纳米限域催化"成果荣获 2020 年度国家自然科学奖一等奖；徐龙伢研究员科研团队的"FCC 干气制乙苯气相烷基化与液相烷基转移组合技术研发及产业化"获得国家科技

---

　　① 本部分资料和数据由大连化物所提供。
　　② "国家三大奖"包括国家自然科学奖、国家技术发明奖、国家科技进步奖，大家习惯上称其为"国家三大奖"。这三个奖项都是我国最高等级奖项，也是我国影响力最大的科研奖项。所以，"国家三大奖"获奖情况，通常是判断高校科研院所科研实力的重要参考依据。

进步奖二等奖。尤其值得推崇的是，作为中国高能化学激光奠基人、分子反应动力学奠基人之一的张存浩院士获得了 2013 年度国家最高科学技术奖，这是国家科学技术奖励系列奖项中最高等级的奖项。70 多年的峥嵘岁月里，大连化物所一系列具有重要国际影响的原创性科技成果相继问世，一大批重大技术成果得到规模应用，对国家推进科技强国、国防安全和能源安全战略形成强劲助力。党的十八大以来，大连化物所抢抓发展机遇，取得很多重大突破性科技成果并大规模转化应用，例如新型航空航天催化分离材料及技术多次用于"神舟""天宫""嫦娥"系列航天飞行器及多型号飞机；新型镁空电池多次驰援地震灾区；氢燃料电池和锂流电池驱动的有人机和无人机成功实现首飞；"大连相干光源"大型科学装置发出了世界上最亮的极紫外光源，成为能源、化学、物理、生物材料等多个科学领域发展的重要推动力；DMTO 技术取得重大突破，建成世界首套甲醇制低碳烯烃商业化装置，引领了煤制烯烃战略性新兴产业的快速发展。

大连化物所是辽宁省、大连市的重要创新高地。建所 70 多年来，大连化物所在精细化工、洁净能源利用、节能减排等领域对辽宁省、大连市的相关产业发展形成了重要科技支撑。特别是近 5 年来，随着大连市加快推进精细化工产业发展，化物所的科技成果转化 30% 以上落户在辽宁省，其中大部分在大连市落地结果。大连英歌石科学城重点项目之一——辽宁滨海实验室正是由大连化物所牵头组建的。辽宁滨海实验室自 2022 年 9 月成立以来，推动科技成果在辽宁省落地 85 项，合同总金额 3.2 亿元，其中在大连落地 65 项，合同金额 2.9 亿元。

英歌石科学城的另一个重大项目是大连先进光源大科学装置预研项目，也是由大连化物所科研团队研发的，该项目填补了辽宁省大科学装置领域的空白，将为大连建设区域科技创新中心注入强大活力。

2016 年 9 月 24 日深夜，在大连市长兴岛的实验室里，大连光源研发团队研

大连相干光源（大连化物所 供图）

制的基于可调极紫外相干光源的综合实验研究装置（以下简称"大连相干光源"）发出了世界上第一束极紫外自由电子激光。

承载这束世界最强之"光"的极紫外自由电子激光装置——"大连相干光源"，是我国第一台大型自由电子激光科学研究用户装置，它是当今世界上唯一运行在极紫外波段的自由电子激光装置，也是世界上最亮的极紫外光源。近20年来，自由电子激光技术成为各国抢占国际科技高峰的重点布局方向，而极紫外光源是对分子进行激发和软电离最有效的光源，有助于科学家在原子、分子水平上开展一系列重大科学问题研究。

对研究"大连相干光源"的领路人杨学明院士而言，研制一个高亮度极紫外自由电子激光光源，是他20多年前就已萌生的一个梦想。1993—1995年，杨学明在美国劳伦斯伯克利国家实验室做博士后期间，该实验室就已于1993年建成了世界上最早的第三代同步辐射光源，用这台光源发射出的高亮度极紫外光可以更清晰地探测原子、分子等物质微观世界的变化，这类光源对科学研究的推动达到了一个前所未有的高度，对杨学明产生了很大的影响。当时他就开始思考如何发展属于自己国家的极紫外自由电子激光光源。

圆梦的转折点出现在 2001 年。那一年，杨学明回到当初攻读硕士学位的母校大连化物所访问，所长当时正在外地出差，得知他到访的消息，立即打电话询问他是否有意愿回到所里工作。尽管深知回来意味着一切都要从头开始，但杨学明依然接受了邀请，坚定地回到了自己科学生涯的起始点——大连化物所。

回国后，杨学明担任了大连化物所分子反应动力学国家重点实验室主任。化物所为他开辟了"绿色通道"，拨了 1000 万元启动经费，并尽可能地为其提供自由且优越的科研环境。在化物所领导和同事们的鼎力支持下，他的科研工作很快开展起来，取得了很多重要科研成果，分子反应动力学国家重点实验室得到了进一步的发展，成为大连光源项目的牵头建设机构之一。项目总负责人杨学明通过调研发现，全世界正在建设的高增益自由电子激光设置中，还没有一台是工作在极紫外区域的。而极紫外光源是探测分子、原子和外壳层电子结构最为有效的光源，在科学研究中具有重要且独特的作用。如果能在这个领域有所突破，将有望填补国际的空白，在相关研究领域抢占先机。这更坚定了他尽快将多年梦想变成现实的信心。一个偶然的契机，杨学明与时任中国科学院上海应用物理研究所所长赵振堂院士，上海应用物理研究所研究员、自由电子激光专家王东谈起他的梦想，结果三个人一拍即合，决定联合相关专家组成科研团队，研制用于能源化学研究的专属光源——"大连光源"极紫外自由电子激光装置。

2011 年，杨学明团队向国家自然科学基金委提出了建设"大连相干光源——大连极紫外自由电子激光"计划的申请，得到了首批国家重大科学仪器研制项目 1 亿多元的资金支持。在获得资助后，科研团队进行了非常细致的准备和调研，2013 年底确定了技术方案，2014 年 10 月，"大连相干光源"主体实验楼在长兴岛破土动工。2016 年 9 月 24 日，在开工建设不到两年的时间里就完成了主要基建工程和主体光源装置的研制，并实现了光源装置的首次出光，这创造了同类大型自由电子激光科学仪器科学装置建设的最短时间纪录。之后，经过研发团队几个月艰辛但富有成效的调试，"大连相干光源"相继成功实现了自由电子激光自发辐射自放大模式和高增益谐波放大模式的饱和输出。2017年1月，"大连相干光源"发出最强之光，杨学明怀揣了20多年的梦想终于在一群人齐心协力的努力下成为现实。2018年"大连相干光源"通过了验收，专家组一致认定，这是一台独特的极紫外自由电子激光装置，整体技术指标已经达到国际领先水平。

2017年1月，我国研制成功世界最亮极紫外光源、"大连相干光源"建成的消息，登上了《人民日报》《科技日报》《中国青年报》《中国科学报》等各纸媒头版，央视、辽宁卫视等电视媒体也争相报道。"大连相干光源"的建成，为能源化学、物理、生物、环境等相关科学问题的研究提供了世界上独特的研究工

大连化物所相干光源技术团队（大连化物所 供图）

具，取得了很多原创成果。"大连相干光源"研究水分子光化学取得新进展、模拟星际介质硫化氢光解获得进展等。"大连相干光源"和国内外很多机构也开展了科技合作，目前已有德国、英国等国家的科研机构在此建设永久实验站或开展合作研究。

甲醇制取低碳烯烃（DMTO）技术 [1] 突破是大连化物所探索能源转型、保障国家能源安全的一个代表性项目。2015 年 1 月 9 日，在北京人民大会堂举行的2014 年度国家科学技术奖励大会上，大连化物所甲醇制取低碳烯烃（DMTO）技术荣获国家技术发明一等奖。这是大连化物所经过四代科技工作者的接续奋斗，30 多年的不懈努力所取得的重大成果，突破了甲醇制取低碳烯烃等煤炭清洁高效利用的关键技术创新。

"甲醇制取低碳烯烃"（DMTO）在我国"富煤、缺油、少气"的大背景下，为连接煤化工与石油化工、实施石油替代、保障能源安全提供了重要技术途径。低碳烯烃（乙烯、丙烯等）是当今世界最重要的化工产品，一直以来，生产乙烯、丙烯需要消耗大量石油。随着我国经济的持续快速发展，市场对乙烯、丙烯的需求趋于旺盛，长期供不应求，国内自给率只有 50% 左右，需要进口大量的石油作为原料用于制取低碳烯烃。随着世界石油资源的日益枯竭以及油价的波动攀升，生产烯烃的成本在不断增加，原油进口量激增，给国家能源安全带来了巨大挑战。20 世纪 70 年代，在全球石油危机背景下，以煤代油、以煤经甲醇制取烯烃成为不少国家的科技攻关方向。进入 80 年代，大连化物所的研究人员决定超前进行煤代油的技术研究，中国科学院和大连化物所领导给予了大力支持，调集了以陈国权和梁娟分别为组长的两个研究组联合进行攻关，方向聚

---

① 相关内容主要参考《执着成就梦想》,《中国科学报》2015 年 1 月 12 日；《国家技术发明一等奖为何花落中科院大连化物所》,《科技日报》2015 年 1 月 13 日；《大连化物所 DMTO 技术获国家技术发明一等奖　将加速我国现代煤化工绿色崛起》,《中国化工报》2015 年 1 月 13 日；《煤制烯烃"点金手"刘中民：以煤为基推动能源变革》,《新京报》2022 年 9 月 22 日。

焦在用煤炭替代石油生产烯烃的技术链条中最欠缺的环节——甲醇制烯烃技术。

1981年，陈国权和梁娟两个研究组先从研究催化剂入手，因为有了催化剂才能实现甲醇向烯烃的转化。经过无数次的探索、失败、再探索，研究小组在国内首先合成了ZSM-5型沸石分子筛，并对其合成规律、反应性能调变、改性及表征等进行了系统的研究工作，为实现甲醇制烯烃的战略目标迈出了关键的第一步。1985年，经过4年的努力，大连化物所终于研制出了甲醇制烯烃的固定床催化剂，并完成了实验室小试。到1989年底，大连化物所先后完成了3吨/年规模沸石放大合成及4～5吨/年规模的裂解催化剂放大设备，1991年4月，完成了300吨/年甲醇处理量的中试运转，1995年，采用国际首创的"合成气经由二甲醚制低碳烯烃新工艺方法"，完成了流化床甲醇制烯烃过程的中试运转，创造了新的世界第一。

1995年夏天，年仅31岁的刘中民（现任大连化物所所长）被任命为甲醇制烯烃研究组组长。刘中民带领科研团队对甲醇制取低碳烯烃技术开展了更加深入的基础研究和应用研究，完成了流化床甲醇制取低碳烯烃过程的中试运转。中试时他们将之前采用的"合成气经由二甲醚制烯烃工艺"改为"合成气经由甲醇制烯烃工艺"。改进后的甲醇生产工艺更加成熟，制烯烃的规模也更大。在攻坚第一代甲醇制烯烃技术之后，刘中民带领团队继续向第二代技术进行创新突破，第二代技术使烯烃收率更高，每吨烯烃甲醇消耗可降低10%以上，大幅度降低了烯烃生产的原料成本。在此基础上，刘中民带领团队又继续攻坚第三代技术。第三代技术采用新一代催化剂，可实现吨烯烃甲醇单耗降至2.86吨，创行业历史最佳，单套装置年增效益超1亿元。

为探索将这一研究成果由实验室推向工业化，刘中民带领团队着手进行甲醇制取低碳烯烃（DMTO）的工业性试验。自此，DMTO成为大连化物所的甲醇制烯烃专利性技术的专门称谓。

DMTO从实验室到工业化的过程是非常艰难曲折的。最难的是资金短缺，没有经费支持，找不到合作企业。1995 年，刘中民研究团队在老一代科学家的带领下完成了年产 60 吨烯烃的中试，取得了不小的进步。但要让这一技术真正落地应用，却遇到了大难题。当时正值国际油价下跌，一度跌至不足 10 美元 / 桶。与石油制烯烃相比，煤炭制烯烃的成本太高，这直接影响了 DMTO 的经济性，企业不愿意投资。一家工厂就曾对找上门希望开展中试合作的刘中民发出冷嘲式的质疑："油价这么低了，谁还做煤制烯烃？"当时国家对煤炭替代石油生产烯烃项目的积极性也不高，刘中民团队将甲醇制烯烃技术申请国家"九五"攻关项目时被否掉了。没有国家支持经费，社会合作机会和资金又找不到，DMTO 研发的经费眼看着要断档，刘中民回忆起那段经历时曾打趣道："那个时候，我们穷得差不多只剩下精神了。"而彼时的国际大趋势却是，美国、日本等国的科研机构与企业都在加紧研发甲醇制烯烃技术。如果那时因为经费问题导致研究停滞不前，DMTO 甚至可能错过难得的历史发展机遇。

搞来经费才能维持住这个研究团队的存在，才能让技术不断完善。提起这段经历，刘中民坦言，做工业性试验时压力很大，"需要 8000 多万的巨款来开发这项技术，一大群人都在为此努力。我作为总负责人有很大的责任"。尽管研究因资金短缺陷入了僵局，但刘中民没有放弃，在继续推动技术研发的同时，他四处奔波寻找项目经费，期望与企业联合开发 DMTO 技术，甚至只求合作，不求回报。最终促使 DMTO 技术完成从"实验室"到"工厂"转化应用。其中，起到关键作用的是"一个转机"、"两个'贵人'"和"一个'地方'"、"一个企业"。

"一个转机"，是 2004 年国际油价开始回升，甲醇制烯烃的性价比提高了，再次引起国人的关注，发展迎来了春天。

"两个'贵人'"，其中之一是时任中国科学院院长的路甬祥。1998 年 8 月，路甬祥院长到大连化物所视察。借路院长与科研人员座谈之机，刘中民抓住机会将准备好的报告递到了路院长手里，希望中国科学院能够继续支持 DMTO

技术研究。已经习惯被拒绝的刘中民本来没抱太大希望，但报告递上去之后不久，中国科学院来了通知，由院里资助刘中民团队 100 万元经费用于甲醇制烯烃的进一步研究。有了这笔雪中送炭的经费，刘中民带领团队更加坚定信心，对生产工艺又作了更细致的研究，对甲醇制烯烃的技术环节进一步加以完善。另一个"贵人"是时任国家发展改革委副主任、国家能源局局长的张国宝。2006 年两会期间，张国宝了解到大连化物所已经成功地进行了甲醇制烯烃的研究，非常感兴趣，他认为"我们国家多煤少油，如果能成功地用煤来代替石油生产乙烯，无疑是一件非常有意义的科研成果"，"应该尽快支持他们实现工业化生产"。后来，经过张国宝的尽心牵线，大连化物所和神华集团成功进行了合作。

应用在神华的 DMTO 工业装置（大连化物所 供图）

　　"一个'地方'"，是陕西省。陕西省矿产资源丰富，多年来一直想通过发展新型煤化工产业，实现煤的就近转化、高效转化，以期将全省的资源优势转变为经济优势、产业优势。在得知大连化物所已经开发出具有世界领先水平的甲醇制烯烃的实验室中试技术，并正在寻找风险投资人和合作伙伴的消息后，陕西省果断决定与大连化物所合作开展工业化试验。在陕西省政府的大力支持下，2004 年 8 月，世界上第一个 DMTO 万吨级工业化试验装置，得以在陕西省华县开工建设。此次工业性试验圆满收官，宣告了世界首套万吨级甲醇制烯烃工业化成套技术喜获成功。

　　"一个企业"，是神华集团。一个对 DMTO 的转化应用具有极大推动作用的重要项目，是大连化物所与煤炭公司神华集团的合作开发。双方的成功"牵手"得益于张国宝的大力支持。最初神华包头项目在遴选技术方案时，其实选定的是引进国外某公司的甲醇制烯烃技术。但在项目正式投建时，神华集团改变了原先的方案，换成了采用大连化物所的 DMTO 技术。实践证明，神华选用大连化物所的国产 DMTO 技术，是很有眼光和魄力的，不仅使我国独立掌握了煤制烯烃工业化生产的核心技术，还大大降低了投资成本。神华包头 60 万吨 /年煤制烯烃工业示范装置，于 2011 年正式进入商业化运营阶段，由此，我国率先实现了甲醇制烯烃核心技术及其工业应用"零"的突破。

　　DMTO 技术开发催生了我国煤化工产业的迅速发展。2014 年，DMTO 工业装置进入开工的高潮期，已投产的 7 套 DMTO 装置的烯烃总产能达到 400万吨 / 年，带动了我国甲醇制烯烃战略性新兴产业的快速形成。截至 2022 年，DMTO 累计实现技术实施许可 31 套大型工业装置，已投产装置 16 套，对应的烯烃产能达 2025 万吨 / 年，拉动投资超 4000 亿元，全部投产后可实现年产值超2000 亿元。

　　2020 年我国提出碳达峰碳中和目标以来，煤化工产业面临新的挑战。考虑到我国"富煤、缺油、少气"的基本国情决定了不可能完全"去煤化"，刘中民院士提出了煤化工和石油化工协调发展的策略。从技术上看，煤制醇类、酸类等含氧化合物具有天然优势，这是石油化工很难做到的。近年来，刘中民团队除了持续推进DMTO创新及转化应用之外，也在研究煤基乙醇技术及其产业化应用，为我国实现煤炭清洁利用和保障粮食安全提供了一条全新的技术路线。

为助力大连实现"双碳"目标，刘中民及其团队在大连市委、市政府的大力支持下，将DMTO中试基地落户在大连长兴岛工业区。在大连化物所的坚持和努力下，其与中科催化新技术公司合作建设的世界首套1000吨／年石脑油（甲醇）制芳烃催化剂工业生产装置最终也在大连落地开花，签订技术转让合同金额1.3亿元，投产后预计新增产值2亿元。

三、争创"高性能·精密"新高度：
大连理工大学向"高"图强

"你屹立在凌水河畔，你昂首在黄海之滨……"2024年4月15日，清澈的校歌声中，大连理工大学党委书记项昌乐、校长贾振元为凌水湖湖名石揭幕，校友代表一同拉起象征大连理工大学梦想之船的风帆，大连理工大学迎来75周岁生日。大连理工大学（以下简称"大工"）是与共和国同龄的一所大学，其前身是创建于1949年4月的大连大学工学院。1950年7月大连大学建制撤销，大连大学工学院独立为大连工学院，1988年3月更名为大连理工大学。

建校75年来，"大工"逐渐形成了以创新教育为突出特征的办学特色，取得了一大批重大科技创新成果，特别是工程和制造领域的成果，为国家推进制造强国战略作出了重要贡献。新中国科技史上的诸多第一，例如第一颗返回式卫星、第一艘核潜艇、第一枚液体燃料探空火箭、第一座砼斜拉桥与T形钢构体系桥梁、第一台激光器、第一台微波气象雷达、第一根无缝钢管、第一座万吨级海水淡化装置等重大科研成果，都凝聚着"大工"人的智慧与汗水。还有C919大飞机、蛟龙号深潜器、长征五号运载火箭、天问一号火星车、港珠澳大桥、华龙一号核电机组、智能化工染料、高性能工程塑料等，在这些国之重器、大国工程和民生保障领域，都有"大工"人的卓越贡献，彰显着他们强国复兴的责任担当。

"大工"在助力大连发展上也作出了重要贡献。1958年,"大工"承担了大连渔港(我国第一个现代化渔港)的规划设计;1973年,"大工"承担了大连新港(我国第一个现代化原油输出港)的设计和自主研发工作;2015年,"大工"张哲教授团队负责设计的星海湾跨海大桥建成,这座双层跨海大桥创下了国内桥梁史多项第一,包括国内首座海上地锚悬索式跨海大桥、第一座公路双层钢桁架悬索桥等。这些都体现了"大工"服务大连建设和经济社会发展的使命与担当。从近几年的统计数据看,"大工"落户在大连市的科技成果转化数量和金额稳步提升。2021—2023年,"大工"以科技成果转让、许可、作价投资形式共转化科技成果455项,转化金额3.8307亿元,其中在连转化科技成果159项,占比34.95%,转化金额1.436亿元,占比37.43%。"大工"3年来科技成果转化金额在500万元以上的项目共29项,其中在连有13项。[①]

大连英歌石科学城重点项目之一——辽宁黄海实验室由"大工"牵头筹建。自2022年9月成立以来,辽宁黄海实验室联合大连头部企业开展技术攻关,确定4个重点攻关项目、9个深化培育项目,并成立了高端数控机床、高端轴承、碳中和创新技术和系统装备智能制造4个联合研发中心。辽宁黄海实验室的科研主力是"大工"校长贾振元院士带领的高性能精密制造创新团队。[②]

贾振元院士领衔带领的这支高性能精密制造创新团队,是在"大工"机械制造教研室基础上组建起来的,这支科研团队持续攻关20多年,以解决高端装备制造中的"卡脖子"技术难题为使命担当,面向高端装备的高性能精密制造需求和挑战,提出了以性能精准保证为核心的高性能精密制造思想,系统研究了高性能精密制造基础理论和关键技术,解决了一批高端装备研制和批产中的高性能精密制造的难题,取得了一系列辉煌业绩,其研究成果广泛应用于近

---

① 本段数据由大连市科技局提供。
② 高性能精密制造创新团队的相关资料和数据主要参考《贾振元碳纤维复合材料研究团队:用匠心雕琢"中国制造"》,《经济日报》2018年1月23日。

200 家企业和科研院所，经济和社会效益显著，先后获得国家技术发明一等奖 2 项、二等奖 2 项和省部级一等奖 12 项。

这个团队之所以取得骄人的成绩，主要在于他们 20 多年来始终坚持聚焦在高性能精密制造研究主线上，进行深耕细作，形成了以贾振元院士（现任校长）、郭东明院士（现任副校长）领衔，10 多名高端人才为骨干的高水平师资队伍。两位院士都是"大工"培养出来的杰出人才，由贾振元带领团队完成的科研项目"高性能碳纤维复合材料构件高质高效加工技术与装备"荣获 2017 年度国家技术发明一等奖，由郭东明带领团队完成的研究成果"硬脆材料复杂曲面零件精密制造技术与装备"荣获 2008 年度国家技术发明一等奖。2019 年，大连理工大学高性能精密制造创新团队荣获国家科学技术进步奖一等奖（创新团队），是当年获此殊荣的唯一团队。

做科研如何找准方向、找对路子？贾振元院士强调"搞科研一定要服务国家重大需求"，他常常提醒年轻教师："我们工科教师如果单纯从学校角度搞研发，没有企业应用拉动，研究成果就很难'落地'，可能撂荒在实验室里，没有形成生产力。"这是他多年坚持深入企业、服务生产一线的深切感悟。贾振元院士认为与企业合作，选择研究目标很重要，"搞科研要加大原创性基础研究，去解决企业、行业'卡脖子'的问题"。

当初贾振元及其团队之所以选择研究"高性能碳纤维复合材料构件高质高效加工技术与装备"这个细分方向，正是基于国家重大战略需求，是为了解决企业、行业的"卡脖子"问题。在航空、航天、交通等高端装备制造领域，有"一克重就是一克金"的说法，只有减轻重量，才能提高结构效率、提升装备性能。而碳纤维增强树脂基复合材料（以下简称碳纤维复合材料）是高端装备领域减重增效的优选材料，其用量越多，表明装备性能越先进。但长期以来，碳纤维核心技术掌握在美国、日本两国的几家企业手中，我国处于被"卡脖子"的状态。

　　贾振元及其团队选择主攻碳纤维加工制造这个方向后，他们首先遇到的难点在于弄清楚问题是怎么产生的。从 2005 年到 2009 年，这支研发团队虽然也曾较好地解决了若干航空航天企业复合材料构件加工中遇到的难题，但是加工质量提升到一定程度就受限。经过多轮反复研讨，团队确定原因在于工程中沿用的是传统金属等均质材料切削理论，但碳纤维复合材料的特性和结构与之完全不同，是典型的难加工材料。这时，贾振元果断提出，必须突破传统金属等均质材料切削理论体系的束缚，开辟和建立适应碳纤维复合材料加工的新理论体系、从理论到工程同时解决问题的研究思路。

　　要建立新的理论体系，从原创性基础研究入手，其难度之大可想而知。贾振元团队重新搭建科研平台、开发新的实验装置，从材料分析、力学计算和机械加工实验等多方面开展交叉研究，凭着"蚂蚁啃骨头"的精神，从碳纤维复合材料特性上和材料去除过程中彻底弄清楚加工损伤产生的原因，进而研究低损伤加工的原理和构件高性能的保证方法，终于取得了基础理论上的重大突破：探明了碳纤维复合材料去除机理和加工损伤形成机制，提出了针对碳纤维复合材料加工的切削理论。

　　有了扎实的理论创新作后盾，贾振元团队用理论指导实践应用，提出"微元去除"和"反向剪切"加工损伤抑制原理，先后发明 3 大类、9 个系列的制孔、铣削等刀具，实现了复合材料的低损伤高质量加工，使碳纤维复合材料加工损伤由厘米量级减至 0.1 毫米以内，寿命高于进口刀具 2 倍至 7 倍，价格仅为其的 1/6 至 1/4，加工理论与技术进入了国际领先水平。

　　光有工具还不行，大型构件加工还离不开精良的工艺和装备。于是，研发团队又大胆尝试工艺创新，经过 10 多年持续攻关，团队发明了在位随行加工方法、低应力柔性工装和随动除尘装置，开发了负压逆向冷却和具有自风冷排屑功能的系列加工工艺，研发出 13 台（套）高性能碳纤维复合材料数控加工工艺装备，成为我国航空航天多个重点型号关键复合材料构件加工的唯一装备。

自 2010 年起，贾振元团队研制的新型刀具和技术装备投入应用，把碳纤维复合材料的加工损伤控制在 0.1 毫米内，实现了从无法加工、手工加工到低损伤数字化加工的跨越。该科研成果在航天一院、三院、中航工业和商飞等企业被推广应用，为国家重大装备、重点型号研制、定型及批量生产作出重要贡献，对提升高端装备性能和核心竞争力具有重要推动作用。

碳纤维复合材料高质高效加工理论与技术，只是高性能精密制造创新团队 20 多年来持续团结奋斗取得的具有代表性的一项创新成果，以这项创新成果为案例，可以清晰地看到这支创新团队最鲜明的特点，那就是"找准方向，聚焦主线"，敢于直面挑战，以"甘坐十年冷板凳"的劲头，从应用基础研究出发，从机理上找出问题根源，再从工程实践中提炼出解决共性问题的方法，这种被他们称为"贯通式研究"的研发路径走通了，也走成了，令他们在高性能精密制造这条道路上越走越宽阔。

"大连 1 号—连理"卫星（以下简称"连理"卫星）是近年来体现"大工"高端制造和航天发展高精尖水平的一个代表性项目。[①]2023 年 5 月 10 日晚，"大工"设计研制的辽宁省第一颗卫星"连理"卫星飞向太空，自此浩瀚太空中有了辽宁卫星。在中国载人航天工程办公室的大力支持下，"大工"通过天舟货运飞船公开征集渠道获得了公益性搭载机会，于是"连理"卫星搭上了由长征七号遥七运载火箭发射的天舟六号货运飞船的"便车"，成功进入太空。

"连理"卫星是一颗高分辨率对地遥感卫星，质量为 17 千克，只有两个鞋

---

① "连理"卫星的相关资料和数据主要参考《"大连 1 号－连理"卫星搭乘天舟六号成功发射》，中新网，http://www.chinanews.com/shipin/cns-d/2023/05-11/news958998.shtml；《大连 1 号－连理卫星开启在轨科研任务》，《大连日报》2024 年 2 月 22 日；《专访大连 1 号／连理卫星总指挥于晓州：OpenHarmony 在航天领域交出创新答卷》，中国日报网，http://ex.chinadaily.com.cn/exchange/partners/82/rss/channel/cn/columns/snl9a7/stories/WS-64fad847a310936092f20f08.html。

盒那么大,被称为微纳卫星[①],主要任务是验证基于 OpenHarmony[②] 的实时操作系统、基于金属 3D 打印技术的超轻型微纳卫星部署器、亚米级对地遥感成像、先进绿色无毒硝酸羟胺(HAN)推进系统及高性能卫星部组件等系列创新技术。尽管它只是一个小小的微纳卫星,但功能却很强大,在同等级别的遥感卫星当中具有领先优势,其先进性主要体现在三个方面:一是高分辨率成像,这是它的主任务,"连理"卫星搭载了高分辨率相机,可以在 400 千米的轨道实现小于 1 米的分辨率,从而开展针对船舶、地面目标、空间目标及空间碎片等目标的成像与识别应用,相机具有全色谱和多光谱共 5 个谱段,能够在轨实现低成本亚米级高分辨率的海洋 / 对地观测。二是"连理"卫星搭载了多个先进部组件,比如卫星的推进模块(也就是发动机)使用了液体 HAN 作为推进剂,这个推进系统也是"大工"主持研制的,属于国际领先水平,不同于传统的卫星姿轨控动力系统所采用的肼类有毒推进剂,"连理"卫星使用了创新的 HAN 单组元模块推进系统,具有绿色无毒、能量高、功耗低、可预包装等特点,大幅提升了微纳卫星在轨快速机动能力。三是"连理"卫星搭载了采用国产芯片和基于 OpenHarmany 实时操作系统的一体化姿态测量单元 AMU、COSMAG 磁强计、COSSD 太阳敏等试验验证载荷,将进一步验证国产芯片和 OpenHarmany 操作系统的在轨工作情况,这将为推动我国空间新技术攻关与应用作出重要贡献。

---

① 一般按质量的大小可将卫星分为中大型卫星(1000 千克以上),小型卫星(1000 千克以下),小型卫星又细分为小卫星(500 千克以上),超小卫星(100~500 千克)和微纳卫星(100 千克以下),"连理"卫星是一颗 20 千克级别的卫星,因此称"连理"卫星为微纳卫星。

② OpenHarmony 是由开放原子开源基金会孵化及运营的开源项目,目标是面向全场景、全连接、全智能时代,基于开源的方式,搭建一个智能终端设备操作系统的框架和平台,促进万物互联产业的繁荣发展。

"大连 1 号 - 连理"卫星在文昌发射场最终测试（大连理工大学 供图）

"连理"卫星团队（大连理工大学 供图）

"连理"卫星的最特别之处是其发射部署的方式，通常情况下卫星一般被直接安装在火箭的整流罩之内，当火箭达到预定轨道，火箭就会通过部署装置将卫星释放，从发射到释放会在半小时内完成。但这一次"连理"卫星却不是采用火箭直接发射，而是搭载天舟六号货运飞船进入太空。火箭发射前，"连理"卫星通过超轻型多星部署器安装在飞船外部。它跟随天舟六号货运飞船在轨运行了 253 天，在货运飞船完成主任务之后、再入大气层之前进行卫星释放。为顺利完成这一过程，需要克服卫星在与货运飞船运行的过程中的极端空间环境的影响，进行温控并保证卫星蓄电池的供电，在卫星释放的过程中，要保证卫星与货运飞船不会发生干涉，与空间站不会发生碰撞。"大工"在设计"连理"卫星时，专门设计了全球首个具备长时间在轨存储释放能力的卫星部署器，能够在轨温控以及在轨充电，并能够在轨一年后将卫星释放。

2024 年 1 月 18 日，"连理"卫星从天舟六号货运飞船成功释放入轨，圆满完成在轨释放任务。实施三轴稳定控制、太阳帆板展开后，卫星进入了正常工作模式，按计划向地面传回了拍摄目标图像等数据，正式开启在轨科研任务。从 2023 年 5 月 10 日随天舟六号升入太空到释放，位于飞船外部的"连理"卫星在轨存储了 253 天。在"大工"新建成的辽宁省首个卫星测控站和国内卫星地面站网络联合测控保障下，"连理"卫星将在轨陆续开展各项新技术试验。

"连理"卫星的在轨释放对于验证 OpenHarmony 在太空的高性能和可靠性具有重要价值和意义，标志着 OpenHarmony 在航天领域的应用达到了新的高度。"连理"卫星选择用 OpenHarmony，打破了国外操作系统在微纳卫星上的垄断，意义重大，影响深远。作为一款易于开发、扩展性强、高效稳定的开源操作系统，OpenHarmony 在实时任务调度和中断管理方面展现了卓越的性能。它的应用不仅大幅提高了"连理"卫星的运行效率和可靠性，而且增强了"连理"卫星在极端航天环境下的适应能力。"连理"卫星总指挥、"大工"航空航天学院教授于晓洲认为，与国外操作系统相比，"连理"卫星在技术支持、芯片与处理器的适配以及数据传输效率和稳定性上都有着巨大的优势。这些优势得益于OpenHarmony 在确保复杂系统高效协同工作方面起到关键作用，正是基于这些因素，于晓洲团队舍弃了国外操作系统，坚定选择用 OpenHarmony。近年来，OpenHarmony 一直致力于在航天领域制定与推广操作系统标准。"大工"于晓洲团队参与编撰的 OpenHarmony 星载实时操作系统团体标准，将成为全球首个卫星实时操作系统标准。

"连理"卫星是一个系统工程，它包含结构与热控、通信、推进、测控数传、电源、姿态测量与控制等分系统。"连理"卫星的成功，凝结了很多"大工"人的智慧和汗水，"大工"运载学部航空航天学院的不少在校硕士研究生、本科生都深度参与了"连理"卫星的研制。"连理"这个名字是"大工"公开召集师生共同命名的，它不仅是校名大连理工大学的缩写，也有"连接理想"等美好寓意，承载着所有"大工"人对祖国和学校航天发展的美好祝愿。

"连理"卫星飞向太空后，受到了大家的热切关注，但其实，"大工"在这次卫星"太空遨游"中，贡献的不仅仅是辽宁省第一颗卫星。在本次发射的天舟六号货运飞船及其搭乘的长征七号运载火箭上，也都闪现着"大工"的智慧之光。

在天舟六号货运飞船上，"大工"运载工程与力学学部工程力学系王博教授、田阔副教授团队基于自主研发的数字孪生强度评测软件 Desk. DT，与航天五院工程师合作，协同攻关，完成了天舟六号舱段数字孪生水压试验。在长征七号运载火箭上，"大工"基于自主研发的 Desk. CAE 系列结构强度与轻量化设计专用软件，为火箭结构减重 310 千克，折合提升运力 147 千克，有力保障了天舟六号货运飞船发射任务。

当然，"大工"航天报国的事迹远不止这些。从参与新中国第一颗返回式卫星研制，到把"嫦娥五号"送上月球的长征五号运载火箭，再到创新研发"连理"卫星，"大工"人解决了我国弹箭体结构设计很多关键难题，为保障我国大型运载火箭性能的可靠性作出了重要贡献。

为推动"连理"这颗微纳卫星的研发，"大工"2019 年投入建设了"先进微纳卫星技术学科交叉研究平台"，形成了一支平均年龄仅 37 岁的卫星研发创新团队。团队紧紧抓住这次天舟货运飞船的公益性搭载机会，高标准完成天舟货运飞船的安全要求和技术指标，成功续写了"大工"人航天梦的崭新篇章。

四、突破"卡脖子"关键核心技术：
大连光洋科技创新驱动发展

创新驱动发展是以科技创新为核心、以提高科技创新能力为关键、以深化改革为动力，加快实现从要素驱动、投资驱动向创新驱动转变的发展战略。创新驱动发展战略的核心是通过不断地技术创新和制度创新，推动经济结构优化升级，提高经济增长的质量和效益。创新驱动发展的实现是一个动态的、系统性的过程，需要企业、高校和研究机构等不同创新主体共同合作、形成协同创新网络，持续开展基础研究和应用研究；加大研发投入，注重自主创新能力的提升，增强科技成果转化能力。通过技术进步实现传统产业的转型升级，并积极发展新兴产业，如高端制造业、生物科技、新能源、新材料、信息技术等。

大连市在创新驱动发展方面作出了许多努力，通过加强企业与高校、科研机构的合作，加强对科技创新的政策支持，积极推进科技创新，以科技引领城市的发展。以机床制造业为例，大连市是全国重要的组合机床生产基地，辖区内有通用技术大连机床、山崎马扎克、格劳博机床等众多知名机床企业。这些企业高度重视对新技术、新工艺、新产品的研发力度，推出具有市场竞争力的产品和服务，大连市机床企业在高速、高精、复合类数控机床及数控系统、关键功能部件方面取得突破性进展。

大连光洋科技集团有限公司，是一家以科技创新为核心、深耕装备制造30

年的企业。其控股子公司科德数控股份有限公司专注高端数控机床、高档数控系统和关键功能部件的精密制造。这里有世界上单体面积最大的地下恒温恒湿厂房，一年四季 21 摄氏度。充分利用设备余热回收风能、水能、生物能等新能源，加快推进智能制造、绿色低碳转型。当前，我国科技创新综合实力、供给体系质量有待提高，绿色生产方式有待完善，在这一过程中，这家企业无疑走在了前列。

提高科技创新能力，必须自立自强。机床是工业之母，代表机床制造业最高水平的五轴联动数控机床，对航空、航天、国防、精密器械、高精医疗设备等行业有重要影响。20 世纪 90 年代，大连光洋科技集团购入某发达国家的进口机床，然而却遭遇了"霸王条款"，如果擅自挪作他用，机床将被自动锁死。面对这样的封锁，这家企业走上了自主创新的发展道路。经过多年奋发努力，这家企业在高档数控机床产业建立了完整的技术链、人才链和产业链，产品自主

大连光洋科技集团（大连新闻传媒集团 供图）

化率达到 85% 以上。习近平总书记强调："关键核心技术是要不来、买不来、讨不来的。只有把关键核心技术掌握在自己手中，才能从根本上保障国家经济安全、国防安全和其他安全。"[①] 如今，大连光洋科技集团生产的高端五轴数控机床，实现了关键核心技术突破，做到了自主可控、安全可靠，贡献了高档数控机床领域的"中国创造"。

大连光洋科技集团的创新驱动发展，是诸多大连智造企业加大研发投入、持之以恒提升自主创新能力的缩影。近年来，大连着力在科技创新、人才培养、制度创新、产业升级、国际合作、财政政策和投融资支持等方面持续发力，力求在全球竞争中更好地发挥自身优势。一是科技创新。以企业为主体，积极探索产学研一体化合作，加强科研机构和企业进行基础研究和应用研究，推动关键核心技术的突破。二是人才培养。这是创新活动的核心要素，包括科研人员、工程师、企业家等。注重培养创新型人才，为创新发展提供人力支持，构建人才核心竞争力。三是制度创新。通过建立健全激励创新的政策法规，营造良好的创新生态。四是产业升级。推动传统产业通过技术改造升级，发展新质生产力，形成新的经济增长点。五是国际合作。通过加强与国际的科技交流与合作，引进吸收外来先进技术，并加强知识产权保护。六是财政政策和投融资支持。通过税收优惠、创业投资、风险投资等手段，为创新型企业提供资金支持。同时，大连还制定了一系列发展规划，如《大连市智能制造发展规划》等，明确提出了未来一段时期内智能制造发展的目标、重点任务和措施，为智能制造的发展提供了指导方向。未来，创新驱动发展继续为大连产业实现可持续发展和经济结构转型提供强大动力和重要支撑。

---

① 中共中央党史和文献研究院编《习近平关于网络强国论述摘编》，中央文献出版社 2021 年版，第 118 页。

五、结语　以充满活力的科创动能激活"两先区"高质量发展势能

创新是引领发展的第一动力。对东北老工业基地振兴而言，科技创新尤为重要。习近平总书记在新时代推动东北全面振兴座谈会上指明，"实现高水平科技自立自强，有利于东北把科教和产业优势转化为发展优势"，这是东北振兴面临的一个重大机遇。总书记部署了"五项重点任务"，排在首位的任务即"以科技创新推动产业创新，加快构建具有东北特色优势的现代化产业体系"。勇当新时代东北全面振兴"跳高队"的大连，提出以"建设具有全国影响力的区域科技创新中心"为目标，深入实施创新驱动发展战略，整合优化创新资源，推动创新链、产业链、资金链、人才链深度融合。

大连在建设具有全国影响力的区域科技创新中心方面具有较好的基础优势。

一是拥有丰厚的创新要素和资源。大连有 31 位两院院士以及长江学者、国家杰出青年基金获得者、国家百千万人才工程入选者等超过 7000 人的高层次创新人才；有大连理工大学、大连海事大学等 30 所高校；有大连化物所等 14 个科研院所；有能源催化转化全国重点实验室、高性能精密制造全国重点实验室、精细化工国家重点实验室等国家级科技创新平台 110 家，市级以上科技创新平台 549 家。

二是研发经费投入强度逐年提高。大连自"十二五"以来研发投入逐年提

高，2017 年开始超过全国平均水平，2019 年在全国 15 个副省级城市中研发经费投入强度排名上升至第 8 位。2021 年，大连研发经费投入强度达到 3.02%，是东北地区第一个研发经费投入强度超过 3% 的城市。2022 年，研发经费投入强度继续提升至 3.1%。

三是技术合同成交额持续快速增长。"十三五"时期，大连市技术合同成交额年均增速达到 28.5%，高于全省平均增速 11.2 个百分点，高于全国平均增速 3.1 个百分点。2022 年，全市登记技术合同成交额达到 427.3 亿元，同比增长 27%，是 2012 年的 3.2 倍。

四是大连在全国创新型试点城市中创新能力排名相对靠前。早在 2010 年大连就被科技部批准列入首批全国创新型试点城市。2024 年 1 月，科技部中国科技信息研究所发布的《国家创新型城市创新能力评价报告 2023》显示，大连在全国 103 个创新型试点城市中排名第 19 位，位列东北地区榜首。

2013 年以来，大连按照习近平总书记确立的建设"两先区"战略定位，坚持以科技创新带动产业转型升级，逐渐形成以高新区为区域科技创新中心核心区、英歌石科学城为原始创新策源地，"一城六区多园"的空间发展模式，同时注重发挥大连化物所、大连理工大学等科教资源的创新功能和带动作用，通过全面打造开放式创新平台、集聚性转化平台和复合型服务平台，汇聚各类创新资源和要素，以期形成从激发科学研究"0-1"的创新突变到促进科技成果"1-10"的转化跃变，再到实现"10-N"的产业聚变的"链式创新"，催生出新质生产力，并在技术、产业、人才、资金和信息等方面对区域创新发展起到引领辐射带动作用。

如今的大连，正在以充满活力的科技创新动能激活"两先区"高质量发展势能，科创高地英歌石科学城在加速建设，一大批围绕基础研究、原始创新的科技创新持续取得突破，丰富的创新资源与雄厚的产业基础正在深度融合，大连化物所、大连理工大学等高校院所的一批杰出科研工作者、优秀教师坚持

"四个面向"，以科技报国和"爱大连"的情怀，为科技强国、制造强国和大连高质量发展持续贡献力量，大连禀赋优越的创新底蕴和振兴发展的强劲动能已蓄势待发。

第三章

从激活城市基因到打造新高地：建设内畅外联的高水平开放门户枢纽

　　开放是世界经济发展的动力，也是一个国家繁荣发展的必由之路。改革开放以来，我国坚持以开放促改革、促发展，为经济增长和结构转型注入了持久的动力和活力。从兴办经济特区到全方位开放，不断拓展了发展空间，提升了产业竞争力和国际分工地位，取得了巨大的历史性成就，推进了国家的现代化建设。党的十八大以来，习近平总书记对坚持高水平对外开放作出了一系列重要论述，指明了面对世界百年未有之大变局加速演进的复杂形势，建设中国式现代化不仅要坚持开放，而且要转向高水平开放，发展更高层次的开放型经济，不断以开放拓展经济发展的新空间，用好国内国际两种资源，推动中国式现代化道路越走越宽广。

　　党的二十大报告把"推进高水平对外开放"作为推动高质量发展的重要任务。大连历史上就是一座国际化海港和移民城市，大连港曾经三度被确定为自由港，具有包容的多元文化和开放基因。改革开放更是激活了大连的城市基因，大连一直勇立开放潮头，见证了中国改革开放的一个个关键时刻。从被确定为国家第一批沿海对外开放城市、建设中国第一个经济技术开发区，到成为东北设立的第一个国家级新区、东北第一批自贸试验片区，大连探索开放道路的脚步一直没有停歇。新时代新征程，建设内畅外联的高水平开放门户枢纽，就是要充分发挥大连在东北地区的开放引领作用，以高水平对外开放推动高质量发展，加快把大连由"端点城市"变为"节点城市"，成为畅通国内大循环、联通国内国际双循环的重要连接点。

一、拓展新格局：
"神州第一开发区"的蝶变之路

　　建设内畅外联的高水平开放门户枢纽必须走在开放前沿，勇立时代潮头。渐进式的开放是中国对外开放的突出特征和重要经验，随着对外开放不断向纵深发展，实现了由多点局部突破到全面开放的飞跃，形成了全方位、多层次、宽领域开放新格局。2018 年 12 月，习近平总书记在庆祝改革开放 40 周年大会上的讲话中指出："我们统筹国内国际两个大局，坚持对外开放的基本国策，实行积极主动的开放政策，形成全方位、多层次、宽领域的全面开放新格局，为我国创造了良好的国际环境、开拓了广阔发展空间。"回顾大连的改革开放历史，从"神州第一开发区"到东北第一个国家级新区，充分释放出"以开放促改革、促发展"的制度红利，使大连这个北方沿海重要中心城市不仅写出了自身跨越式发展的奇迹，而且成为中国不断扩大开放形成全方位开放新格局的缩影。

　　改革开放伊始，国家决定建立经济特区。1984 年中央决定进一步开放沿海 14 个港口城市，并鼓励有条件的地方"可以划定一个明确地域界限的区域"兴办经济技术开发区，实行经济特区的某些政策，在开发区内以产业开发为突破口，以产业化推动城市化。作为首批沿海开放城市，大连抓住了这一机遇。1984 年 10 月，大连市政府拿出 1000 万元财政启动资金和 2.3 亿元银行低息贷款作为起步资金，在原金县大孤山的 4 个自然村共 22.95 平方千米的土地上开始建

从玉米地建起的"神州第一开发区"蝶变为现代化的国家级新区（崔岩　摄）

起了"神州第一开发区"。

　　就是在马桥子村、风岩村、黑山村、红岩村等 4 个自然村的玉米地里，一支由大连市各部门抽调出来的开拓者从无到有地开始了大建设。现代化的街道和各种生活设施在玉米地里拔地而起，通过基础设施的改善，为招商引资承接发达国家和先进地区的产业梯次转移打下了良好的基础。小渔村发生的巨大变化，让世界各地的投资者纷至沓来。开发区承担着市场化的改革先锋的角色。全国首创为投资者提供"一站式"服务的"项目推进服务中心"，第一个挂出"开发区管委会"的牌子，落户中国第一家日本独资企业，成立全国第一个外企党支部和外企党委，打造"中国第一工业团地"——大连工业团地，开设全国经开区第一个"马上办"……"神州第一开发区"曾经在全国创下了多个"首创""第一"，每一次创新都是大连乃至东北改革开放的一大进步。

　　经过 10 年的努力，到 1994 年底，大连经济技术开发区取得了巨大成就，

71

许多经济指标位居全国经开区之首。作为"神州第一开发区",大连经济技术开发区在不到 20 年的时间里完成了工业化进程,从产业开发起步聚集资本和就业,再到产城融合,成为大连充满活力的现代化新区和东北腹地的开放门户。到 2022 年,开发区有企业 3.7 万余家、外商投资企业 2100 余家,其中世界 500 强企业 70 余家。

1992 年 5 月,国务院批准设立大连保税区,这是中国第一个封闭实行通行证出入的保税区。2000 年 4 月,国务院批准设立大连出口加工区,这是全国首批 15 个出口加工区试点之一,成为东北腹地企业和国内其他地区企业参与国际竞争的桥头堡。2006 年,国务院正式批准设立东北唯一的保税港区——大窑湾保税港区。2010 年 4 月,大连市政府宣布启动新市区管理体制改革,"神州第一开发区"与千年古城金州一并规划为大连金州新区,经济技术开发区的发展也进入了新阶段。进入新时代,我国的对外开放从外向型经济向开放型经济转变,2014 年 6 月,国务院同意设立东北首个国家级新区——大连金普新区。2017 年 4 月 10 日,中国(辽宁)自由贸易试验区大连片区挂牌运营。从"神州第一开发区"不足 23 平方千米的起步区,到全国陆域面积最大的国家级新区,这块改革开放的试验田越来越壮大,在辽宁省乃至东北地区的地位越来越重要。

从经济技术开发区到国家级新区的一部分,不仅是行政区划的变化,更标志着以往经济技术开发区所承担的对外开放的形式与内容都发生了变化。大连金普新区承担着探索开放发展新体制,发展更高层次的开放型经济,加快形成国际竞争新优势;充分发挥产业优势和制度优势,带动地区经济发展的新使命。从开放内容看,由过去的主要承担"三来一补"项目,承接国际产业转移更多地向制度型开放为重点的高水平开放转变。从外商投资看,从大连开发区建设之初"成本为先"的投资思路,到外商逐渐更注重这里的技术、市场、人才和营商环境;从产生的效果看,开放对本地发展的带动作用越来越强劲。2007 年,专为英特尔配套的大连出口加工区 B 区封关运作,成为中国开放领域的一个创新之举，使英特尔实现了大连生产线与其全球配套体系的无缝连接。2015 年，英特尔决定增加固定资产投资 55 亿美元升级英特尔大连工厂，打造世界最先进的"非易失性存储器"制造基地，这也是目前我国引进的单笔最大的外资项目。

从 1984 年至今，从大连经济技术开发区走到了大连金普新区，用国际化视野和战略思维绘就了一幅宏伟壮丽的发展蓝图，创造了一个又一个发展奇迹。从 1984 年的 3 平方千米起步区发展成为今天的规划面积 1039.8 平方千米、建成区 110 平方千米、常住人口 120 万人的新城区。金普新区现有经营主体 23 万家，企业 10 万多家，其中，外资企业 2599 家，引进了英特尔、海力士、辉瑞制药、松下、日本电产、佳能等重大引领性项目，有近 70 个国家和地区的企业投资建设了近百个世界 500 强企业项目。成为大连乃至辽宁改革开放的前沿、窗口和中心地带。金普新区综合经济实力首位度优势明显，其主要经济指标约占大连市的 1/3、辽宁省的 1/10，工业约占大连市的 1/2，外贸进出口约占大连市的 50%、辽宁省的 30%，是名副其实的"东北第一强区"。现代产业加速集聚，形成了装备制造、石油化工、电子信息、整车及零部件、港航物流等多个产业集群。以半导体芯片、生物医药、节能环保、航空等为主体的新兴产业加速聚集，以总部经济、旅游、软件和服务外包为代表的现代服务业迅猛发展，以农业产业化和特色农产品基地为重点的现代农业体系全面构建，初步构建起以工业为主导，以通用航空、新材料等新兴产业和金融、旅游、物流等现代服务业为补充的现代产业体系。新区拥有 16 家博士后科研工作站，13 家创新实践基地，高新技术企业 1440 家，瞪羚、雏鹰企业 337 家，市级以上研发机构 290 家，科技人才云集。作为我国北方具有历史底蕴的国际化新城区，有上万名外籍人士常年在这里工作、生活，建有成熟的国际社区、外国语学校、国际医院，充满国际化现代化气息。

从大连对外开放的历程看，全市经济社会快速发展、综合竞争力不断增强、地区国际影响力持续提升都得益于开放范围的不断扩大，开放水平的不断提高。

党的十八大以来，大连市累计利用外资约 144.7 亿美元。外资大项目拉动效应明显，外商投资向产业链高端快速延伸。英特尔半导体项目带动集成电路产业形成集群，对我国半导体产业链本土化作出重要贡献。丰田汽车、三井物产、伊藤忠、现代汽车、斗山集团等日韩氢能源龙头企业，成为大连市战略性新兴产业集群化发展的重要动力。2012 年至 2023 年底，全市实现外贸进出口总额 52829 亿元，进出口总额始终保持全省占比 60%、东北三省占比 40% 的总体水平，出口市场覆盖 200 多个国家和地区。[①] 外贸结构调整为一般贸易为主、加工贸易和转口贸易为辅的基本格局，外贸从业企业数量、一般贸易出口占比、高新技术产品出口比重、民营企业出口比重均有显著提升。外贸新业态新模式快速发展，培育跨境电商企业 1187 家。医疗、数字等新兴服务业态聚集错位发展，服务贸易结构不断优化，计算机信息服务等新兴服务贸易额实现翻倍。国际产能合作稳步推进。累计在"一带一路"沿线 30 个国家投资项目 130 余个。由大连港集团参与建设的吉布提国际自贸区已吸引 200 余家企业入驻，中旭龙实业（大连）有限公司尼日利亚工业园已成为尼日利亚建材行业龙头企业。

　　对外开放为大连经济社会发展注入了新的活力和动力，推动了市场经济体制的建立和完善，促进了大连与周边国家和地区的融合发展，形成了东北地区比较明显的对外开放优势，为大连实施新一轮对外开放和全面振兴发展奠定了坚实基础。习近平总书记在新时代推动东北全面振兴座谈会上要求东北地区"增强前沿意识、开放意识，提升对内对外开放水平，在畅通国内大循环、联通国内国际双循环中发挥更大作用"。这从战略高度强调了东北地区作为开放前沿的重要地位，提出了对内对外全面开放的新要求，为新时代东北全面振兴指明了方向，也为东北全面开放提供了根本遵循。大连是东北地区最具开放基因、开放潜能、开放活力的城市。打造对外开放新前沿，是习近平总书记的殷殷嘱

---

① 数据来源：大连市商务局。

东北第一个国家级新区——大连金普新区（王华 摄）

托，是大连的优势所在、使命所在，更是潜力所在、机遇所在。2023 年，中共大连市委十三届七次全会提出了"建设内畅外联的高水平开放门户枢纽"的目标任务，再次释放出大连市加快推进高水平开放合作的强烈信号，通过打造东北开放"新引擎"，加快把大连由"端点城市"变为"节点城市"，以高水平对外开放助力全面振兴新突破。勇立新的时代潮头，大连要发挥开放优势，驱动以开放促改革促创新的动力轴线，以制度型开放为引领，推动高水平对外开放，主动对接高标准国际经贸规则，提升完善《区域全面经济伙伴关系协定》（RCEP）国际商务区功能，促进与 RCEP 地区间的合作交流；持续深耕日韩，发力欧美，不断扩大与"一带一路"国家双向贸易、保税仓储、跨境电商和国际产能合作，加大与俄罗斯大宗商品贸易业务合作，吸引和聚集更多国内外优质要素流入东北，更好培育高质量发展的新动能，充分释放发展活力打造东北亚对外开放新高地，助力东北振兴、辽宁振兴。

二、打造新高地：
大连自贸片区持续推进制度创新

建设内畅外联的高水平开放门户枢纽，要不断在推进制度型开放上取得新突破，以高水平开放推动高质量发展。经过 40 多年改革开放发展，我国已经具备了由政策型开放转向制度型开放的条件和环境。这意味着在全球经贸规则领域，我国要努力成为规则制定的重要参与者。党的二十大报告进一步明确，"以国内大循环吸引全球资源要素，增强国内国际两个市场两种资源联动效应""稳步扩大规则、规制、管理、标准等制度型开放""优化区域开放布局……提高中西部和东北地区开放水平"。党的十八大以来，以习近平同志为核心的党中央提出要不断提高对外开放水平，尤其是要加大制度型开放，而建设自由贸易试验区就是推动高水平对外开放的重要战略举措。借助顶层设计和先行先试，在自由贸易试验区内深化要素流动型开放的基础上，对标国际高标准经贸规则，稳步推进规则、规制、管理、标准等制度型开放，加快营造市场化、法治化、国际化的营商环境。从 2013 年中国（上海）自由贸易试验区运行以来，经过 7 轮扩充，目前全国已设立了覆盖东西南北中的 22 个自由贸易试验区，这些自由贸易试验区作为中国制度型开放的试验田和桥头堡，开创了我国对外开放事业的新局面。2017 年中国（辽宁）自由贸易试验区设立，大连片区是主体区域，承担着改革试验的职责，为在更大范围激活改革开放动能探索新途径、积累新经验，充分发挥了改革试验田的作用。

以开放促改革，中国（辽宁）自由贸易试验区大连片区作为东北起步最早、辽宁面积最大的自贸片区，自挂牌以来，率先全面完成《中国（辽宁）自由贸易试验区总体方案》确定的改革试点任务，聚焦投资贸易便利和事中事后监管等领域，充分发挥了新时代改革开放试验田作用，极大地助力了大连的高质量发展。

一是制度创新成果丰硕。挂牌以来累计推出 600 余项制度创新成果。其中，5 项改革试点经验在全国复制推广，2 项最佳实践案例供全国学习借鉴，89 项改革创新经验及 12 项金融创新经验在全省借鉴推广。便利化方面，中国（辽宁）自由贸易试验区大连片区全面实施准入前国民待遇加负面清单管理制度，推动落实"非禁即入"。全省率先实施"集中审批"和"单一窗口"服务模式，实现"一枚印章管审批"。全省首推"主体资格登记确认制"，降低企业准入准营门槛。创新搭建"大连自贸片区法人空间"服务载体，建立企业全生命周期"一站式"服务平台，为企业提供集开办、许可、惠企服务、信用修复、档案查询于一体的全链条服务。实施"场景式服务"集成创新，打通税务、社保、公积金、银行及水、电、气等部门数据壁垒，企业开办关联业务实现全程网办。全面推进"证照分离"改革，开展"一业一证"试点，率先在医疗器械经销、药店、餐饮店、超市、经营性人力资源服务机构 5 个行业开展建立"行业综合许可凭证"，企业准营实现"多证合一"。在全省率先对食品经营许可由优化审批改为告知承诺制，承诺即发证。上线"行政许可智能管家"服务功能，实现企业临期许可有效精准识别、及时预警提醒、在线一键提交办理的全流程体系。在中山大学自贸区综合研究院发布的"2022—2023 年度中国自由贸易试验区制度创新指数"中，中国（辽宁）自由贸易试验区大连片区制度创新指数在全国 54 个片区中排名第 12 位，在第三批 21 个片区中排名第 4 位。

二是制度创新引领发展的内生动力显著增强。一项创新政策激活一家企业、

中国（辽宁）自由贸易试验区大连片区（王华 摄）

一项创新成果培育壮大一个产业，这样的实例近几年在大连自贸片区不断涌现。设立在大连出口加工区的企业大连海尔电冰箱有限公司，2010年以来受国际市场环境影响，产品毛利率不断下降，无法支撑企业持续健康发展，企业经营面临困境，甚至考虑实施战略转移迁出大连，这将对大连的投资环境、外贸出口、地区就业产生负面影响。大连市相关部门积极深入调研企业、了解实际需求，充分利用自贸试验区制度创新和先行先试优势，积极复制上海自贸试验区"委内加工"经验，齐心发力共同推动这一自贸新政在大连自贸片区落地实施，使大连海尔电冰箱突破现行政策限制，统筹利用国际、国内两个市场，释放产能取得飞跃发展，试点第一年便扭亏为盈，取得了 40% 的产额增长，实现产值 10.59 亿元，彻底实现扭亏为盈。"保税混矿"监管模式创新是大连自贸片区一项首创的改革创新经验，通过创新监管制度，简化通关手续，节省企业运输和时间成本。采取"入区检测 + 加工监管 + 出区检验"三位一体监管，即通过多道程序严把安全关，在货物入区时对货物进行放射性监测，同时对有毒有害元素含量实施监测；在货物卸毕后对货物堆存场地、数量及混矿作业过程实施日常监管；在货物出区过程中对货物实施检验并出具品质及重量证书。"保税混矿"监管模式创新，使大连港矿石码头公司的"保税混矿"业务大增，仅用一年时间便扭亏为盈，第三年实现盈利 1.3 亿元人民币，让企业实实在在享受到了改革红利。"保税混矿"监管模式有效降低了巴西淡水河谷的混矿成本和中国钢厂的采购成本，提高了我国铁矿石贸易的议价能力，实现了"国外矿山"向中国港口的前移，为大连加快建成东北亚矿石分拨中心、东北亚航运中心奠定基础。2023 年大连自贸片区在全省率先推出的"LNG 船舶夜间离泊快速通关新模式"，为每航次船舶平均节省租金约 20 万美元；"进出口车辆运输降本增效"工作新举措的实施，每单货物可为企业平均缩短物流时间 2 天，为企业年节省 100 万美元；在辽宁海事局助力下推出的"合规海运出口自热锅产品"创新案例，不仅实现全国首例自热火锅产品在大连自贸片区海运出口，还为全国同类产品海运出口提供了标准和经验。

【知识链接】保税混矿

　　"保税混矿"是指将不同产地、不同成分的两种以上的铁矿砂在保税状态下进行配比混合而得的混合铁矿砂。"保税混矿"实现了保税监管、商品检验、税收征缴等多个领域的业务创新和制度创新，打破了以往混矿只能在钢厂、矿山操作的常规，开创了中国港口混矿作业的先河，混配产品被树为行业标杆，被业内称为"大连标准矿"，该项监管措施的实施有力推动了混矿业务的发展，不仅实现了"海外矿山"向中国口岸前移，更完成了铁矿石由单纯进口向转口贸易的转型。"保税混矿"监管模式业务创新成功入选 2017 年中国自贸试验区十大创新案例和十大新闻，并在《国务院关于做好自由贸易试验区第四批改革试点经验复制推广工作的通知》中由国务院宣布在全国范围内复制推广。

中国（辽宁）自由贸易试验区大连片区以改革促发展，以制度创新促进营商环境改善和政府职能转变，不断激发市场活力，吸引力和影响力明显提升。短短 6 年多时间，大连片区注册企业从成立之初的 7000 家发展至 48000 家，企业数量年均增长 35%，其中外资企业 1200 家，近 3 年中小企业增速年均超过 10%。迄今，大连片区累计实现外贸进出口额 7859 亿元，实际利用外资总额 43.3 亿美元。

党的二十大部署实施自由贸易试验区提升战略，赋予了自由贸易试验区更加重大的历史使命，也指明了中国（辽宁）自由贸易试验区大连片区未来努力的方向。实施自由贸易试验区提升战略，重点是高标准对接国际经贸规则，深入推进制度型开放，为我国加入《全面与进步跨太平洋伙伴关系协定》（CPTPP）和《数字经济伙伴关系协定》（DEPA）等高标准经贸协定探索经验提供实践支撑。中国（辽宁）自由贸易试验区大连片区将对标高标准经贸规则，开展更多首创性、集成化、差异化创新探索，力争形成更多可复制可推广的制度创新成果。

三、搭建新平台：夏季达沃斯
让世界的目光聚焦大连

建设内畅外联的高水平开放门户枢纽需要不断提升城市的品牌和形象，必须加强宣传和国际交流。拥有高层次的国际公共活动平台是一个城市开放程度高、影响力强的重要标志。近年来，大连已搭建了中国国际数字与软件交易博览会、中日（大连）博览会、中国海外学子创业周等活动平台，特别是"夏季达沃斯论坛"的举办，汇聚了全球目光，将大连的风采传递到世界各地，成为世界了解大连和推动对外开放合作的重要桥梁与纽带。

2007 年 9 月 6 日，"北方明珠"大连沉浸在节日般的氛围中，因为世界经济论坛首届新领军者年会正在这里举行。来自世界近 90 个国家和地区的 1700 位政要、闻名企业家和媒体朋友来到大连，给这座美丽的海滨城市增添了无限的生气，使大连成为世界关注的焦点。这是 36 年来世界经济论坛年会首次离开她的诞生地——美丽的瑞士雪城达沃斯，来到中国东北的海滨城市大连。

从 2007 年开始，世界经济论坛将翻开历史的新页，一年一度的达沃斯年会将从此分成两类会议：一是在瑞士达沃斯举行的"冬季达沃斯论坛"；另一是在中国举行的"夏季达沃斯论坛"。大连通过新领军者年会这个平台，更多地了解世界经济运行的现在与未来，为大连更好地融入世界经济创造了良好的契机。大连也通过论坛充分展示了城市魅力，与会者通过大连这座充满活力的城市，充分感受到了蓬勃发展的中国。至今大连已举办了7次"夏季达沃斯论坛"（见表2）。

表2　大连举办的7次"夏季达沃斯论坛"情况

时间	界别	主题
2007 年	第一届	变化中的力量平衡
2009 年	第三届	重振增长
2011 年	第五届	关注增长质量，掌控经济格局
2013 年	第七届	创新：势在必行
2015 年	第九届	描绘增长新蓝图
2017 年	第十一届	在第四次工业革命中实现包容性增长
2019 年	第十三届	领导力 4.0：全球化新时代的成功之道

"夏季达沃斯论坛"在大连举办，把大连推上世界的舞台。世界经济论坛提出创办"夏季达沃斯"是非常有创意的事情。会议在大连举办，一些世界级的人物会来到大连，使世界的目光聚焦大连，使大连成为全球的焦点，对大连扩大对外宣传，让世界认识大连具有重要作用，有效提高了大连在国际上的知名度。世界经济论坛创始人劳斯·施瓦布说，"达沃斯"代表着传统经贸、政治交流平台，而大连将成为代表世界"新领军者"的焦点。大连市通过论坛，充分展现大连的城市魅力，同时让"夏季达沃斯"成为大连又一个鲜亮的品牌。"夏季达沃斯论坛"在大连举办，把大连带上国际合作的快车。世界500强公司和一些新领军者到大连来，使大连通过会议平台更多地了解世界经济运行现状及未来发展，使大连市经济更好地融入世界经济发展中，为大连促进国际合作，引进项目，开展经贸洽谈创造良好的机会。"夏季达沃斯论坛"在大连举办，为大连的新兴公司走向世界架设了桥梁，为新领军者提供了独一无二的平台，以此支持它们驾驭新的地域、市场、文化和规范体系下的各种挑战，跻身行业领

袖之列。大连的新兴公司能最快分享全球新领军者的知识与经验，与现在和未来的商业和政治领袖互动，深化对对未来发展最具影响力的因素的见解和看法。大连万达集团、亿达集团、东软集团、大商集团、大杨集团、华信集团在国内最先成为世界经济论坛成长型企业会员，不仅分享世界新领军者的荣誉，更从世界新领军者那里获取经验和机会，共同发掘改变世界的力量。大连也正在积极利用自身的影响，协助世界经济论坛发展中国的成长型企业会员。

　　大连市紧紧抓住举办"夏季达沃斯"这一历史性机遇，进一步加快经济社

大连国际会议中心——"夏季达沃斯论坛"会场（大连新闻传媒集团　供图）

会发展和城市建设，加大生态环境建设和保护工作力度，继续提高环境质量，加快城市基础设施和会展场馆建设，显著提高城市现代化水平。

"夏季达沃斯"在大连成功举办，使大连举办国际活动的视野更加开阔，标准更加提高，手段更加丰富，服务更加细致，这是大连服务业迈向国际化的一次难得的学习和演练，积累了经验，培养了人才，为大连建设东北亚重要的中心城市和发展现代服务业奠定了良好的基础。

2024年6月，"夏季达沃斯论坛"在大连如期举行。大连继续充分利用好这一国际交往平台，主动设置议题议程，充分聚集各种要素资源，加强同海内外媒体、新媒体交流互动，挖掘更多故事，让更多人知晓大连、点赞大连、向往大连，进一步提升了城市的影响力和国际化水平，充分彰显大连城市的魅力和综合实力。

四、汇聚新资源：
"三个中心"建设加快推进

　　建设内畅外联的高水平开放门户枢纽要加快实现对内合作与高水平开放联动，不仅要聚力打造公平竞争、更具吸引力的市场环境，也要高水平开放合作发展所需要的开放通道，使商品和要素更加畅通地聚集和流通，促进国内外资源高效优化配置。2013 年，习近平总书记考察大连时提出："突出大连东北亚国际航运中心、国际物流中心、区域性金融中心的带动作用，进一步建成产业结构优化的先导区、经济社会发展的先行区。"建设"三个中心"是党中央、国务院赋予大连的战略定位，关系到大连、辽宁及东北振兴和东北亚经济合作的大局，具有十分重要的战略意义。大连市委、市政府围绕"三个中心"建设，紧紧依托大连的港口及开放优势，制定实施了一系列政策措施和发展规划，加快建设现代化基础设施体系，大力发展现代港航物流业和金融业，国内外资源要素的汇聚能力不断提升。

　　2013 年以来，大连高质量建设东北亚国际航运中心和国际物流中心，初步形成以海空两港为核心、多式联运综合运输枢纽为互联互通手段、重点港航物流园区为支撑的运行格局。东北地区 96% 以上外贸集装箱、100% 商品车、60%以上外贸原油转运均由大连港口承担，确立了大连在国家综合立体交通网中的重要枢纽地位。

　　加快建设现代化基础设施体系。港口作为航运的起点和终点，是建设国际航运物流中心的重要基础设施。2013年以来大连完成交通基础设施建设投资约1386亿元，其中，港口固定资产投资329亿元，建成以"两岛三湾"为核心，功能完备、条件优越的国际化港口基础设施体系。如今，大连港已成为全世界码头功能最完善的港口之一。万吨级以上泊位增至118个，拥有世界上最大的45万吨级原油泊位、40万吨级矿石泊位、20万吨级集装箱泊位。建有全国沿海港口最大的原油期货交割库，启用规模达335万立方米，年交割规模居全国首位；设有全国首座铁矿石期货保税交割库，开创了国内港口"保税混矿"先河；是全国唯一拥有港内商品车铁路专用线的汽车滚装码头，以及东北地区唯一装卸一体化大型LNG泊位和国际邮轮始发港，可满足国际主流的最大等级船舶停靠需要；集装箱、石油、铁矿石、粮食、商品汽车、陆岛滚装和旅客运输等主要运输系统运转顺畅。大连是东北重要的海铁联运城市，海铁联运量连续多年位居全国前列。大连市共有港口铁路17条，通车里程843千米；共有4922条公路、里程达1.4万千米，公路网密度达每百平方千米110.38千米，高速公路互联直达主要港区。初步形成以内陆港、合作场站、合作站点为依托的内陆集疏运网络布局，集装箱班列作业能力达95万标箱/年，班列线路达40余条，覆盖东北内陆站点50余个，多式联运节点覆盖整个东北地区。[1]拥有我国唯一与港口无缝衔接的铁路集装箱中心站，拥有全国规模最大的港口冷链物流基地，这些都为建设东北亚国际航运中心和物流中心打下了坚实的基础。

　　航运核心枢纽功能不断强化。港口条件是国际航运中心发展的前提条件和重要基础性因素，但优越的航运物流服务才是核心竞争力。大连市积极研究制定多式联运一体化解决方案，优化班列运行线路，规范多式联运业务和监管流

---

　　① 侯国政：《通海达陆　货畅其流——大连高质量建设东北亚国际航运中心和国际物流中心综述》，《辽宁日报》2023年8月17日。

程，提升物流综合服务效率，降低物流综合成本。如首次打通欧洲腹地波兰马拉舍维奇—大连回程路线；双向贯通别雷拉斯特—大连中欧班列；开辟欧洲经大连至日本的集装箱中转线路，搭建"中欧班列 + 近洋海运"过境中转通道；与俄罗斯铁路共同打造大连—圣彼得堡点对点直达中欧班列；沈阳东—大连港马士基全程单海铁联运班列开通，打造一次委托、一次发运、一次结费、一张单证、一箱到底的海铁联运"一单到底"物流新模式；等等。大连空港运营能力不断增强，空空中转旅客和国际货量增幅屡创新高。大连空港旅客吞吐量峰值年份突破 2000 万人次，出入境客流量达到 200 万人次，国际和地区货邮吞吐量达 3.8 万吨、国际和地区航班起降 2 万架次，位居东北首位；对日本通航点数量、航班量和旅客量位居全国前列，是东北地区唯一的进境水产品、水果、种苗指定空港口岸，形成了覆盖全国、辐射日韩、连通东南亚的航线网络。高端航运服务要素广泛集聚，集聚的物流、资金流和信息流进一步促进了物流中心的发展。大数据、云计算、人工智能和物联网等先进技术的应用，有利于打破地域和空间限制，为提高航运物流服务业水平提供技术保障。2022 年 12 月，"大窑湾·智慧港口 2.0"项目建成运行，港口作业效率提升 10%，意味着东北地区首个自动化码头建成，向"数字化港口"迈出关键一步。

加快构建国际物流大通道。依托优越的港口条件，大连不断拓展全球海运网络布局，大连港口连通 160 多个国家和地区的 300 多个港口，集装箱航线实现 RCEP 成员国核心港口全覆盖。2013 年和 2015 年，两次实现北极航线通航，是我国首个开通北极航线的港口。北极航线成功实现双向通航，打通了"辽海欧"海上国际物流通道，使大连港具备了打造成为未来新航线上国际枢纽港区的潜力，对于大连港打造东北地区"海上丝绸之路"，助力辽宁乃至东北地区融入国家"一带一路"建设具有重要意义。大连依托 RCEP、中日韩自贸区等政策优势，充分发挥港口枢纽、咽喉要道作用，持续优化航线网络布局，大连港航运枢纽功能得到持续提升。2022 年开通大连直航澳大利亚航线，这条航线不仅是 RCEP 生效后大连开通的首条外贸集装箱航线，也填补了大连港多年来澳大利亚直航航线的空白。直航最短只需 20 天就可抵达悉尼、墨尔本和布里斯班等澳大利亚重点港口，比中转澳大利亚航期缩短 15 ～ 20 天，搭建起了东北直通澳大利亚的"海上高速公路"。畅通海陆大通道，依托港口资源，大连陆续开通至德国杜伊斯堡、俄罗斯莫斯科别雷拉斯特和沃尔西诺班列，以及新西伯利亚、白俄罗斯明斯克至大连回程班列等，经满洲里、绥芬河、二连浩特、阿拉山口、霍尔果斯 5 个主要口岸的班列全部开通，大连作为区域物流枢纽，已形成东、中、西"三通道"多线路、多口岸发运和往返"双向"开行模式。

大连保税区汽车码头国产汽车即将装船运往海外市场的壮观场景（吕文正　摄）

金融是血脉也是引擎。2009 年，《辽宁沿海经济带发展规划》明确提出大连建设区域性金融中心的战略定位。大连大力发展金融业，吸引各类金融资源在大连聚集，为支持东北振兴和大连"两先区"建设、为实体经济发展提供源源不断的金融"活水"，推进大连区域性金融中心建设不断实现新跨越。自 2015 年以来连续 18 次入选"全球金融中心指数"（GFCI）报告［由中国（深圳）综合开发研究院与英国智库 Z/Yen 集团共同编制］，近年来排名也不断提高，说明了大连区域性金融中心的影响力在不断提升。自 2013 年以来，大连市金融业增加值由 2013 年的 348.3 亿元增长至 2022 年的 678.1 亿元；金融业增加值占地方生产总值的比重由 2013 年的 7.1%，提升至 2022 年的 8.04%；金融业上缴税收占全市地方税收和服务业地方税收的比重由 2012 年的 7% 和 14%，提升并保持在 9% 和 19% 左右。

金融机构体系日益完善，期货市场的引领作用明显。全市共有各类持牌金融机构 300 家，涵盖金融各业态，其中法人总部 17 家。金融机构法人与分支机构，内资与外资等各类机构一应俱全。依托大连商品交易所（以下简称大商所）这个东北唯一的期货交易所，期货市场对金融中心建设的引领作用持续凸显。2022 年，大商所成交量和日均持仓量分别为 23 亿手、1217 万手，较 2013 年增长 225%、274%，在全球衍生品交易所成交量排名中位居第 9 位，在商品交易所中排名第 2 位，已发展成为全球重要的农产品、塑料、铁矿石期货市场。2013 至 2022 年，参与大商所交易的法人客户从 5877 户增至 2.80 万户，法人客户日均持仓量从 131 万手增至 866 万手，涨幅分别为 376%、562%，持仓占比从 40% 增至 71%。2022 年，来自 23 个国家和地区的境外交易者参与大商所 11 个境内特定品种交易的日均持仓量达 15.49 万手。由于大连商品交易所的带动，大连期货市场是东北地区唯一全国性的，并具有国际影响力的金融市场。

2013 年 8 月 29 日，习近平总书记来到大商所考察，听取了大商所对市场建设、品种研发、价格运行有关情况的汇报，了解市场实时运行情况，总书记叮嘱大商所，要"脚踏实地、大胆探索，努力走出一条成功之路"。大商所始终以习近平新时代中国特色社会主义思想为指引，肩负起时代赋予的神圣使命，牢牢把握发展机遇，全面建设多元开放、国际一流衍生品交易所，力争早日建成全球重要的大宗商品定价中心和风险管理中心，努力在服务实体经济、对外开放中发挥更大作用。近年来，大商所各主要品种套期保值效率、期现价格相关性超90%。2022年，国内约1.4万家实体产业企业参与大商所市场交易，日均持仓量641万手，较2017年分别增长2.7倍和1.3倍。参与铁矿石期货交易的产业企业超过1500家，国内大型钢铁企业普遍参与，中石油、中石化、中粮、九三等石化和粮油产业链龙头企业广泛利用大商所市场进行定价和风险管理，更多的中小企业通过大企业进行风险管理或参考期货价格进行经营管理。2015年大连在国内首倡的"保险＋期货"模式如今已连续7年被写入中央一号文件，实现了"小农户"与"大市场"的有效衔接，累计为全国约160万农户提供了风险保障。2022年，以大商所"农民收入保障计划"项目为抓手，大连人保财险联合多家期货机构，继续探索"保险＋期货"模式，给种粮农民的收入兜底。近年来，大商所在重要初级产品的保供稳价上发挥了重要作用，由于国际形势影响，部分大宗国际商品价格大幅波动，大商所铁矿石、棕榈油等期货价格及涨幅均小于现货、小于境外，为国家重要商品保供稳价作出了贡献。未来，大连仍将充分发挥期货市场的定价优势和对资本与资源的集聚、放大效应，强化其作为中国东北地区和环渤海经济圈唯一的衍生品交易所的龙头作用，逐渐把大连打造成为全球重要的大宗商品定价中心和风险管理中心。

大连将持续推动"三个中心"融合发展，提高国内外要素资源吸引汇聚能力，增强服务带动区域发展功能，提升航运、物流和金融中心竞争力，加快建设亚太对流枢纽，为大连、辽宁以及东北实现全面振兴新突破注入强劲动力。

五、结语　以高水平开放合作
激发高质量发展活力

"只有开放的中国，才会成为现代化的中国。"面对不断变化的国内外发展环境，以高水平开放合作激发高质量发展活力是推进中国式现代化的必然要求。以高水平对外开放促改革和发展，是我国经济社会持续发展壮大的关键一招，也是推动我国塑造国际竞争优势、加快构建新发展格局的客观要求；以高水平对外开放更好地利用国内外资源，有利于满足人民美好生活需要的全面升级；以高水平对外开放，在发展我国的同时，更好促进世界合作共赢。面对全国开放大棋局，发挥港口门户城市优势，以高水平开放合作激发高质量发展活力是谱写好中国式现代化大连实践篇章的使命担当。

习近平总书记在新时代推动东北全面振兴座谈会上指出，东北是我国向北开放的重要门户，在我国加强东北亚区域合作、联通国内国际双循环中的战略地位和作用日益凸显。大连是东北地区对外开放门户，东临日韩，以东北地区为广阔的发展腹地，与南部山东半岛隔海相望，拥有连接南北、贯通海陆的"重要节点"价值，对促进各类市场资源要素加速流动、循环、联通有着独特的枢纽作用。大连市委提出的"建设内畅外联的高水平开放门户枢纽"就是在新发展格局中找准自身定位的重大决策，大连要以国际视野和全球胸襟更大力度推动开放合作，发挥好连接南北、贯通海陆的"节点城市"作用，更为充分利用两个市场两种资源，努力打造东北对外开放新前沿，真正成为国家东北亚开放合作的重要战略支点，不断拓展中国式现代化的发展空间。

高水平开放合作是推动大连经济社会实现跨越发展的关键。以开放促进创新、以创新倒逼改革，是推动大连实现高质量发展，建设国际化大都市的题中应有之义。以高水平对外开放促进深层次改革的着力点就是要在更大的市场空间中配置资源，就是要深入推进制度型开放，主动对接国际高标准经贸规则，增强先行先试的系统性、整体性、协调性，改善营商环境和创新环境，降低市场运行成本，提高经济运行效率，进一步释放改革开放红利。坚持以开放促改革，什么样的体制机制阻碍了创新，影响了经济运行的效率，就改什么。开放是大连的最大机遇，只有真正将开放的政策优势转化为创新发展的优势，才能抓住新的机遇加快发展，从而实现城市的进位赶超，实现全面振兴、全方位振兴。充分发挥高水平开放平台在加强国际经贸交流和制度创新中的重要作用，加快实施自由贸易试验区提升战略，形成更多独创性、突破性的创新经验，在更大范围促进改革创新，吸引高新技术和高水平外资流入，充分发挥外资对产业升级和高水平对外开放的带动作用，不断提升贸易投资合作质量和水平。

高水平开放合作是新发展格局中大连成为"节点城市"的内在要求。能否搭建开放合作的平台，形成良好的生态，吸引和聚集各种优质资源要素，成为经济循环畅通的枢纽，取决于一座城市的开放发展水平。大连"建设内畅外联的高水平开放门户枢纽"，就是要坚持对内对外双向开放、同时发力，打造国内外循环的重要节点和链接，发挥核心城市功能，促进经济的循环畅通，成为区域中心城市和枢纽城市。一方面要加强与东北各城市的交流合作，引领带动辽宁沿海经济带乃至东北地区强化与国内各地区的功能对接、市场对接、产业互动，深化对内经济联系，增强供应链韧性，同时要构建以我为中心的区域流通网络，提升内外转换效率。另一方面要提高开放水平，发挥"一带一路"向东向北开放前沿作用，更好地服务国内国际产品服务、资源要素流进流出，尤其是要发挥好核心城市作用，积极"引进来"和"走出去"，力争在全球产业链占据关键环节，稳步增强国际市场对本地及周边产业和服务的需求，架起供给与需求、国内与国外联通的桥梁，吸引高新技术和高水平内外资流入。加快"三个中心"融合发展，增强对全球大宗商品资源的配置功能，更好地服务区域内实体经济发展，努力实现城市能级的跃升。

第四章

从"新蓝图"到"实景图"：建设陆海统筹发展的现代海洋城市

生命起源于海洋，海洋和人类的生存发展密切相关。海洋对于国家和全球经济健康发展至关重要。世界上20个特大城市中13个位于沿海地区。内陆国家也通过河流、湖泊和溪流与海洋直接联系。海洋提供的利益超过全球国民生产总值的60%。近年来，海洋发展潜力不断被激发，成为促进经济发展的"蓝色引擎"。

作为海洋强国基本单元的现代海洋城市融合了"现代"和"海洋"两方面特征。城市的"现代性"突出表现为商贸活动、制造业中心等，体现为城市功能从传统的以商贸、制造为主向金融、服务、创新转型的过程。城市的"海洋性"则表现为，具有滨海的地理区位特征，同时在经济、文化、科技等方面具有鲜明的海洋特色，以及由海洋带来的资源禀赋优势。具体来说，现代海洋城市是滨海城市按照城市现代化一般规律，把海洋资源作为城市发展的重要动力和内涵，在海洋经济、海洋创新、海洋开放、海洋生态和文化、海洋综合管理等方面向纵深拓展并形成显著优势的陆海统筹枢纽。加快现代海洋城市建设是推动我国全面建成海洋经济发达、海洋生态平衡、海洋文化繁荣、海洋科技先进的海洋强国的重要支撑。

大连因海而生、拥海发展、以海闻名、向海而兴，拥有丰富的海洋资源。管辖海域面积达3.01万平方千米，是陆域面积的2倍多，海岸线长2211千米，有海岛538个。一直以来，大连市委、市政府都非常重视海洋经济工作，加快了由海洋资源大市迈向海洋经济强市的步伐。

一、发展谋变：
打开海洋产业提升新空间

　　近年来，大连市海洋经济质量稳步提升，成为拉动大连经济增长的重要引擎。"十三五"期间，海洋经济总产值年均增长 10%。2022 年海洋经济总产值达 3839.6 亿元，海洋产业生产总值 1317.4 亿元，对地区生产总值（GDP）贡献率达 15.6%。主要海洋产业中，海洋船舶工业、海洋工程装备制造业、海洋化工业和海洋水产品加工业保持了 10% 以上高速增长态势，对全市国民经济增长的引擎作用持续加强。大连拥有国家标准确定的 15 大类重点海洋产业中的 13 个门类，有海洋渔业、海洋水产品加工业、海洋船舶工业、海洋交通运输业、海洋旅游业等 24 个海洋产业，有涉海设备制造、海洋仪器制造、涉海产品再加工、涉海原材料制造等 11 个海洋相关产业，已基本形成以海洋旅游业、海洋渔业和海洋化工业三大海洋产业为主导，海洋交通运输业、海洋工程装备制造业、海洋药物和生物制品业、海洋水产品加工业、海洋船舶工业五大海洋产业为支撑，其他多个海洋产业为补充的"3+5+N"产业格局。海洋三次产业比例为24.2∶35.6∶40.2，较为合理。全市有涉海企业 1 万余家，其中规模以上企业 900余家。初步形成集公、铁、水、空、管多种运输方式于一体的综合交通运输体系。与世界 160 多个国家和地区、300 多个港口、超过 50 家国内外大型航运企业建立了港航运输或经贸合作关系，航线基本覆盖全球主要航区。口岸集装箱航线超 100 条，实现 RCEP 成员国核心港口全覆盖，获批港口型国家物流枢纽，多式联运节点覆盖整个东北地区。2023 年 4 月 1 日起，大窑湾港作为离境港实施启运港退税政策。① 船舶及海洋工程装备制造业加速向智能化、高端化、绿色化、成套化方向发展。经过百余年的发展，已基本形成集船舶建造、修理、配套、技术研发及试验等于一体的船舶工业体系，企业规模、经济总量、研发能力和新产品开发均处于全国领先水平。

（一）海洋船舶业实力全面提升

浩瀚的海洋凝结着深蓝的梦想，深邃的历史洞见着广阔的未来。1898 年创建的大连造船厂（今大连船舶重工集团有限公司，简称大船集团）是我国北方规模最大、建造产品齐全、我国首家推出自主知识产权系列产品的现代化船舶总装企业，自升式钻井平台设计建造水平国内领先、世界一流，是国内设计建造 FPSO 船体及上部模块数量最多的船厂，在中国船舶工业中占有十分重要的地位。同时，大船集团也是我国舰船总装建造及维修保障的主要基地，创造了中国造船史上 80 多个第一，见证了中国船舶工业从小到大的发展历程，成就了共和国海军由弱变强的历史跨越。新中国成立以来共建造了 40 多个型号、800 多艘舰船，被誉为"中国海军舰艇的摇篮"。中国第一代到第四代导弹驱逐舰主战船型，以及第一艘航空母舰"辽宁舰"、第一艘国产航空母舰"山东舰"都从这里驶向万里海疆。威武的战舰劈波斩浪，扬国威、壮军魂，筑起了坚不可摧的海上长城。

---

① 杨毅：《大连大窑湾港获批作为离境港实施启运港退税政策》，中国新闻网，https://www.chinanews.com/cj/2023/03-31/9982065.shtml。

我国首艘航空母舰"辽宁舰"（中船集团大连造船 供图）

我国首艘国产航空母舰"山东舰"（中船集团大连造船 供图）

　　大船集团民用船舶和海洋工程建造实力雄厚，新中国第一艘国产万吨远洋货轮、第一艘出口船、第一艘 VLCC、第一座 400 英尺（121.92 米）自升式钻井平台、第一座 3000 米深水半潜式钻井平台、第一艘智能 VLCC 等都诞生在这里，是中国最早走出国门的造船企业。1981 年交付的中国第一艘出口船"长城号"，开创了中国船舶工业参与国际竞争的新纪元。从"长城号"开始，大船集团在国际市场上的影响力不断扩大，各国各地区订单纷至沓来。"造好船，到大船"，如今大船品牌已享誉世界。

　　2013 年 8 月 28 日，习近平总书记视察了大船集团海洋工程基地，作出了"顺应建设海洋强国的需要，加快培育海洋工程制造业这一战略性新兴产业，不断提高海洋开发能力，使海洋经济成为新的增长点"的重要指示。大船集团上下深受鼓舞，备感振奋，认真贯彻习近平总书记重要指示精神，认真学习领会中共中央关于实施创新驱动发展战略的核心思想，根据市场变化和企业实际情

新中国第一艘国产万吨远洋货轮"跃进号"货轮（中船集团大连造船 供图）

大船集团生产的集装箱船（中船集团大连造船 供图）

况，践行习近平总书记关于加强供给侧结构性改革相关重要要求，适时调整企业产业和产品结构，推动船舶行业自身调整和消化过剩产能，优胜劣汰，集中优势发展高技术附加值产品。2013 年 10 月，大船集团成功承接了中海油服"海洋石油 982"深水半潜式钻井平台项目，实现了真正意义上由浅入深的突破。2014 年 3 月承接的 BT-4000 半潜式修井平台，为大船集团海工平台向深水领域发展再奠基石。海工平台市场出现危机时，大船集团积极调整海工产品结构，开展大型 FPSO、深水半潜式钻井平台、半潜式钻修井平台、半潜支持平台以及单点系泊装置等海工主力与配套装备开发，掌握了关键技术，并具备了总包技术能力。大船集团依靠在浮式海洋结构物设计建造方面的技术储备和经验，承接 FPSO 订单，2014 年 8 月，向中海油交付了"海洋石油 118"。2014 年，大船集团的海工产值达到 90 亿元，较 2012 年翻了一番，海工产业占大船集团经济总量的比重由不足 1/10 到几乎占据半壁江山。2015 年，大船集团收购了原大洋船厂作为三工场，厂区建成后，将替代一工场成为军工产品建造基地。2016 年，根据中国船舶重工集团的统一部署，山海关船舶重工有限责任公司（简称山船重工）成为大船集团子公司。由于山船重工是国内较有实力的修船厂，为大船集团的修船产业注入生力军。2019 年，在中国船舶重工集团统一部署下，葫芦岛渤海重工渤海造船厂（简称渤船重工）成为大船集团子公司。大船集团"一总部、三基地"（以大连为总部，大连、葫芦岛、山海关为生产建造基地）的总体布局初步形成，其中大连生产建造基地民品规划能力为 690 万吨 / 年、葫芦岛 180 万吨 / 年、山海关 90 万吨 / 年，修船约 300 艘 / 年。大船集团充分发挥品牌优势，采取集约化经营、统筹承接模式，实现一体化发展。大船集团本部以生产 FPSO 等高附加值海工船型为主；大连湾海工基地依然保留海工平台的生产能力和建造队伍，该基地也承接中小型气体运输船、LNG 加注船，兼顾深海养殖装备等；大连长兴岛区域专攻 FPSO 改装和模块建造；山海关基地也从事部分海工产品改装和修理业务。2018 年 3 月，大船集团与 MODEC 签署合作开发备忘录，共同开发一型适用于多个海上油田的通用型 FPSO（M350 型），2019 年获得通用型 FPSO 订单，包含船体和生活模块部分，合同金额约 1.75 亿美元。同时开展钻井船、FDPSO、LNG-FSRU 和极地冰区钻井平台等高技术、高附加值海工装备超前预研，为开拓市场做好技术准备。通过科研攻关，开发并建造多型单点系泊装置，已申请专利 12 项，产品远销至日本、坦桑尼亚、印度、安哥拉等多个国家和地区，获得客户的高度赞誉，处于国内领先水平。大船集团的锚绞车在业内具有较高认知度，继自主设计、建造了国内领先的大型锚机试验平台后，全面涉足海工产品领域，实行自主品牌与 OEM 合作生产并行发展的思路，目前自主品牌海工配套绞车已形成规模。大船集团长兴岛基地主要从事 FPSO 上部模块建造和改装项目，已成为大船集团重工产业重要经济增长点。2013 年至 2020 年的 7 年间，累计承接订单金额为 2.4 亿美元，完工交付 FPSO 上部模块 35 个，赢得良好市场声誉。在船舶制造方面，紧密跟踪世界造船发展趋势，瞄准世界先进造船技术，形成了一批具有自主知识产权和技术优势的产品，为企业持续、稳定发展提供了重要支撑。民船产品持续创新与升级，引领市场需求。VLCC 系列船已开发了 7 代 8 型，累计获得订单 117 艘，约占全球 VLCC 船队的 15% 左右。自主开发了 3900TEU-22000TEU 系列大型集装箱船，已经完成开发 10 余型标准集装箱船。拥有自主知识产权的 DSAJ400 型自升式生活支持平台也成功推向市场。研发并交付了国内首艘 VLCC 风帆船和首艘智能 VLCC。2020 年，大船集团按照"聚焦主业、改革创新、打造精品、追求卓越"的工作方针，主动作为、拼搏进取，扎实推进精益生产及建模 2.0 工作，实行船体零件精细化套料、舾装托盘划小、分段管系单元化设计等 98 项工艺工法创新，完成 119 项年度建模 2.0 工作计划。全年修订下发 15 个制度文件，涵盖了集团生产及计划管理体系建设、项目管理、产品建造策划及工装管理、调度管理、生产业绩综合评价机制等，为集团生产管理精细化提供了制度依据。此外，还建立大船集团交工产品看板管理和重大重点产品管理机制，规范所属企业生产管理。为韩国船东设计建造的新一代 VLOC 系列船，技术性能指标优越，受到船东高度评价，B300K-9 船实现航海后 18 天交工，下水周期仅 68 天。VLCC 生产线表现突出，T300K-90 船下水后 42 天航海，创 7 年来 VLCC 最短下水至航海纪录；T300K-89 船配置了具有自主知识产权的桨前节能装置，节能效果明显。P110K 成品油轮系列首制船签字交工，后续产品实现了船台建造周期 90 天的目标。T150K-5 船坞内周期 83 天，比首制船缩短 74 天。FPSO-8 在相关部门共同努力下，实现按期开工。克服新冠疫情影响，山船重工与渤船重工全年各交工 6 艘产品。根据集团高质量发展和产品结构调整需求，深化 MARK Ⅲ型 17.5 万立方米 LNG 运输船设计方案，启动 NO.96 型 17.5 万立方米 LNG 运输船开发设计。针对集团主建船型，持续优化设计，升级液货船、大型集装箱船和主流散货船双燃料船型技术方案，穿梭油船开发成果完成实船转化并实现订单。推进实施风帆助推系统的工程化应用研究，开展采用复合材料的新一代翼型风帆研究。应对国际海事组织绿色减排愿景，开展零碳排放相关技术研究。推进FPSO、FLNG、智能船舶、冰区油船等民用新产品关键技术研发，为提升集团市场核心竞争力提供必要技术支撑。围绕绿色生态环保船、智能船等方向，积极争取国家、省市以及中国船舶集团科研项目立项，完成12个项目立项申报，7个项目获批。"薄膜型LNG运输船技术研究"科研专项顺利通过第二阶段里程碑节点，2020年取得专利授权122项。全面贯彻落实中国船舶集团战略部署，派出生产、经营、技术和项目管理骨干，协助港船重工交船6艘/24亿元。编制《大船集团高质量发展战略纲要》初稿，根据中国船舶集团要求，选取23个指标，与国内外6个先进企业进行对标，形成对标指标体系。下发《大船集团发展战略和规划管理规定》，确保企业规划的实施和落地。2020年完成工业总产值230.3亿元，营业收入170.7亿元，交工民船24艘/388万载重吨。全年承接民船8艘/140.3万吨/27.9亿元，成功承接北海船务的15.5万吨穿梭油船项目，该船型已成为集团主力推广船型，获得全国五一劳动奖状；首艘国产航母项目获得全国质量奖卓越项目奖，全球首艘翼型风帆助推VLCC项目获得2020年中国优秀工业设计奖的产品设计金奖，是船舶行业唯一获奖项目。全球首制、具有自主知识产权的舷侧开孔式养殖工船"民德"轮交付，实现"从0到1"的突破。一工场修船南坞成功入选第四批国家工业遗产。

中国船舶大连造船天津基地2021年1月在天津港保税区注册成立，同年11月25日揭牌运营。至此，大船集团已形成以大连为总部，统筹大连、葫芦岛、山海关和天津四地一体化发展的总体布局。大连基地聚焦军工核心能力和高技术、高附加值产品，葫芦岛基地主攻军工保障，山海关基地修造并举，天津基地深耕民船建造。"一总部、四基地"共有船坞21座、船台10座、舾装码头21千米，总占地面积1230万平方米。

2024年是实施"十四五"规划的关键之年，也是大连造船的转型升级关键期、降本增效攻坚期。大连造船拿出了"开年就开跑"的使命感，增强

大船集团生产的四帆 VLCC 和智能 VLCC（中船集团大连造船 供图）

"起步即冲刺"的精气神，狠抓生产运行保交付，强化市场开拓接好单。坚决履行强军首责，推动民品提质增效，深入开展精益管理，压实成本管控责任，全面深化改革创新，强化研发创新能力，持续推进管理提升，坚决完成全年各项目标任务。生产方面，大连造船不断提高船海产业发展质量和效益，突出创造价值，将抓住重点项目提升主业发展质量，LNG 运输船 2024 年进入生产高峰期，围绕货围系统和液货系统两条主线，确保按计划实现开工 6 艘、铺底 4 艘、总装建造 5 艘、货围系统建造 2 艘生产节点，FPSO-10 项目做好重点难点识别及风险分析，确保按期实现铺底、下水节点，CO_2 运输船重点关注货罐吊装、低温 / 液货系统安装调试，确保下水、交工节点按期完成。2024 年 1 月，提前年度计划交船期、合同交船期，高质量完成 5 艘交船任务，跑好开年"第一棒"。1 月 4 日，大连造船联合中船贸易为 MSC 地中海航运建造的 16000TEU 集装箱船 6 号船命名交工，以提前合同期 72 天、关键周期 227 天创系列最短纪录的闪亮业绩迎来新年生产"开门红"。同日，大连造船山船重工首制 7100TEU 集装箱船 5 号船交工，提前合同交船期 87 天。1 月 8 日，大连造船联合中船贸易为 MSC 地中海航运建造的 16000TEU 集装箱船 5 号船在天津基地命名交付，提前合同交船期 67 天，关键周期较首制船缩短 7%，为天津基地后续大型箱船批量建造能力提升夯实基础。1 月 16 日，大连造船山船重工为 GOLDEN OCEAN GROUP LIMITED 公司建造的 8.5 万吨散货船 25 号船"GOLDEN ERLING"号成功交付，提前合同交船期 75 天。1 月 23 日，大连造船山船重工联合中船贸易为波兰 PZM 公司建造的 3.7 万吨大湖型散货船首制船"POLSTEAM DABIE"轮交付，提前合同交船期 68 天。经营方面，大连造船顺利签订了 6+2 艘常规燃料 VLCC 及 4+2 艘 LNG 双燃料动力 VLCC，同时近期签署的 6 艘 11 万吨级油船合同也在 2024 年初相继生效，上述订单合同金额总计约 150 亿元人民币，百亿订单交出亮眼成绩。

【知识链接】油轮分类及 FPSO、FLNG、FDPSO、LNG-FSRU、TEU 的含义

世界造船业将油轮按载重吨位分为 5 个级别：

1. 巴拿马型（Panamax）：船型以巴拿马运河（Panama Canal）通航条件为上限（譬如运河对船宽、吃水的限制），载重吨（DWT）

在 6 万~8 万吨。

2. 阿芙拉型（Aframax）：平均运费指数 AFRA（average freight rate assessment）最高船型，经济性最佳，是适合白令海（Baltic Sea）冰区航行油船的最佳船型。载重吨在 8 万~12 万吨。

3. 苏伊士型（Suezmax）：船型以苏伊士运河（Suez Canal）通航条件为上限，载重吨在 12 万~20 万吨。

4. VLCC（very large crude-oil carrier）：巨型原油船，载重吨在 20 万~30 万吨。

5. ULCC（ultra Large crude-oil carrier）：超巨型原油船，载重吨在 30 万吨以上。

FPSO：海上浮式生产储油轮（FPSO）是海洋石油开发的关键设施，主要用于海上石油、天然气等能源的开采、加工、储存、外运。自 1977 年世界第一艘用旧油船改装的 FPSO 问世以来，FPSO 技术发展突飞猛进，近年来已成为世界海洋石油开发的主流方式，正在运行或建造中的 FPSO 已超过百艘。

FLNG：浮式液化天然气生产储卸装置（floating liquefied natural gas system，FLNG）是一种浮式液化天然气处理平台，通常设计为船型结构，配有天然气液化装置及液化天然气储罐等装备。FLNG 在深水海域的应用将有效地避免深水海域管道铺设所面临的技术难题，同时也为海上边际油气田的开发提供了经济有效的方案。

FDPSO：集钻井、生产、储卸油一体的平台，即在浮式生产储油卸油（FPSO）的基础上增加钻井、修井功能。通过模块化设计，实现钻井功能和开采功能的灵活转换。一体化设计节约了钻井平台的使用，经济性非常好。

LNG-FSRU：英文全称 LNG-floating storage and regasification unit，即浮式液化天然气存储再气化装置。作为陆上天然气气化终端的海上"替代品"，FSRU 既可作为 LNG 运输船使用，又具有 LNG 储存及再气化功能，可作为海上浮式终端，远离发电厂、工业区或人口密集区停泊。

TEU：航运和物流业中用于量化集装箱船和码头货物容量的标准计量单位，以 20 尺集装箱的容量为基准。

（二）海洋化工业持续扩能

大连是国家重要的石油炼化基地和化工产业基地，原油加工能力达 5270 万吨 / 年，居国内城市首位，形成了大连长兴岛（西中岛）石化产业基地、松木岛化工产业开发区、大孤山产业集群。恒力和逸盛大化的精对苯二甲酸（PTA）产能合计 1700 万吨 / 年，成为全球最大的 PTA 产业基地；恒力和福佳大化的对二甲苯（PX）产能达 590 万吨 / 年，居国内城市首位。这为大连市发展海洋化工业提供了坚实基础。

（三）制盐业不断改造升级

大连制盐历史源远流长，早在春秋时期管仲的《管子·地数》中便有"齐有渠展之盐，燕有辽东（今辽宁省东南部）之煮"的记载。《东三省盐法新志·运销篇》曾这样记载：奉天滨海地皆盐，吉、黑各城，蒙古、热河皆食奉盐。其中提到的"奉盐"又以"复盐"（今大连复州湾产的盐）居多，说明大连地区历史上就是我国重要的海盐产区之一。西汉著名史学家司马迁撰写的《史记·货殖列传》中曾提到"上谷至辽东……有鱼盐枣栗之饶"。秦大一统后，天下稳定，辽东盐业有较大的发展，但由于该区人口仍稀少，盐产限于区域内自给。西汉后，盐业生产虽承袭盐铁官营，但盐产较低，以"熬波煮海"为主，即海水煎煮之法。明朝建立后，特别重视盐政，设置了较为完备的盐务管理机构，出现了以复州湾、金州、皮口区域为核心的大型海盐生产集聚点。清康熙三十年（1691 年）左右出现的"天日晒盐"法，使海盐生产实现了具有里程碑意义的跨越，这种方式一直沿用至今，是目前海盐生产的主要方法之一。新中国成立后，东北地区制盐行业逐步恢复生产，其中所有海盐皆出自辽宁，而辽宁最大海盐生产区集中在大连，形成了四家具有一定规模的盐场，分别为复州湾盐场、金州盐场、皮子窝化工厂和旅顺盐场。其中复州湾盐场居大连产盐业首位，占地面积和产能均占大连盐区一半以上。现今辽宁省内四大盐场完整保留下来的海盐生产单位只剩下复州湾盐场。

大连盐化集团专注做海盐已有 170 余年的历史，是中国海盐生态原产地和国家食盐定点生产企业中最大的原盐生产基地，现年产海盐 60 万吨。近年来，它实施"提升品质、增加品种、打造品牌"的"三品"战略，率先在制盐行业发起了《绿色海盐评价通用技术规范》编写，组建了省级技术中心，拥有国家实用新型和发明专利 38 项，投资 3.2 亿元按照医药级别建设了年产能 30 万吨食用盐生产和包装车间，成为东北地区最大、自动化程度最高的食用盐生产基地。通过对百里盐田持续改造和升级，形成了纳潮—养殖—制溴—制盐—盐化工生产绿色循环产业链，实现了零排放。大连盐化集团与国内知名高校合作研发海盐、盐化工、水产品、盐保健品四个系列产品近百种，其中"海湾牌"食用盐被授予"绿色食品标志"商标使用权，荣获"辽宁省名牌产品"和第 18、19、20、21 届中国绿色食品博览会金奖；"复州湾"海盐被授予国家地理标志产品。依托广阔的海水资源、盐田土地资源及悠久的海盐文化资

海盐世界公园（受访企业 供图）

源，大连盐化集团实施绿色发展战略，确定了坚持以海盐为基础，以海水资源、土地资源、海盐文化资源利用为重点，以海盐文化产业为引擎，将一、二、三产业深度融合，打造了"全国绿色食品一、二、三产业融合发展园区"。海盐世界公园被原国家旅游局评选为"国家工业旅游示范基地"，成功举办了首届海盐文化节。

（四）海洋渔业和海洋水产品加工业不断发展壮大

渔业作为"大农业"体系的重要分支，是农业农村经济的重要组成部分，在保障食物安全、促进农村发展、提高农民收入等方面发挥着重要的作用。渔业是大连海洋经济及地区经济的重要支柱，有众多优质渔业企业。至 2023 年，大连拥有国家级良种场 5 个、省级良种场 41 个、国家级水产种质资源场 3 个、国家水产种业阵型企业 5 个、经国家审定的水产品种 15 个，水产种业技术水平位居全国前列。虾夷扇贝产量约占全国 90%、裙带菜产量约占全国 70%、海胆产量约占全国 60%、海参产量约占全国 25%。2022 年，大连市海水养殖面积 695 万亩、水产品总产量 250.6 万吨，其中海水养殖产量 208 万吨、渔业经济总产值 766 亿元。创建国家级海洋牧场示范区 28 处，数量和规模位居全国首位，带动辐射海洋牧场面积超 500 万亩。远洋船只数量和捕捞作业能力居全国同类城市前列。有海洋水产品加工业企业 900 多家，其中龙头企业 66 家，已形成河豚加工、海参加工、裙带菜加工、生蚝贝类加工、外向出口型水产加工等五大产业集群。以海产品为突破口，推动大连海洋食材产业向海洋食品产业转型升级，大连被授予"中国海鲜预制菜之都"称号。

大连鑫玉龙集团（含大连平岛置地有限公司、大连平岛绿健旅游发展有限公司、大连鑫汇海实业发展有限公司等关联公司）总资产逾 15 亿元，是全产业链融合发展的农业产业化国家重点龙头企业。

大连鑫玉龙集团掌握着辽参原种基因及种苗培育核心技术，完整运营良种选育、种苗培育、增殖放养、精深加工、科研开发、品牌营销、海洋牧场及旅游观光。大连鑫玉龙集团独立拥有中国辽参产业之都、辽参特色小镇——平岛，核心区域面积 1.57 平方千米，周边有 11274 亩国家一类清洁海域，建设了完善的辽参全产业设施，包括 15 千米海上长城、12 个辽参守护区、5 万立方米室内

渔船千帆竞发(杨国胜 摄)

育种水体、育苗规模 5 万立方米水体、智慧水产大数据中心、现代化有机加工中心。此外,它还拥有由中国工程院朱蓓薇院士担任首席专家,承担"国家蓝色粮仓刺参育种重大专项"、国家级海洋牧场、种质提升工程—大连市普兰店区刺参水产种质资源场建设项目、神经退行性疾病药物国家地方联合工程中心等 6 项国家级课题的大连海洋大学鑫玉龙研究院,以及研发海参小分子肽等功能性海洋食品的深蓝肽和平岛天科两大高新技术企业。大连鑫玉龙集团有机加工中心占地 3000 平方米,具备 3 大系列 40 余个品类的标准化加工能力,年鲜活海参产能 300 万斤,通过了 ISO9001 质量体系认证、ISO14001 环境体系认证、ISO22000 食品安全管理体系认证。鑫玉龙种苗事业凭借"鑫玉龙一号"等优质原良种和标准化管理,被业界公认为高品质参苗品牌,以小白点、网箱苗为主要产品的参苗年均产量 30 万斤以上。集团旗下鑫玉龙、平岛玉龙、喜玉、平岛村、匠参堂、渔参乐等品牌销售网络遍布全国,与北京同仁堂、香港华润堂等著名企业,与京东、天猫、上海东方购物等平台建立了长期的合作伙伴关系。

二、创新求变：
用科技探寻深蓝"宝藏"

　　发展海洋经济，海洋科技是关键。海洋科技创新是海洋产业结构转型升级、相关领域技术进步、海洋经济高质量发展及现代海洋城市建设的关键动力。大连市有较高的海洋科技综合实力和竞争力，建立了多个高标准海洋领域创新载体，不断完善科技成果转化机制，加快推动自主研发的海洋高科技从实验室走向大市场，海洋科技创新策源功能不断增强。

　　目前，大连有大连海事大学、大连海洋大学、海军大连舰艇学院等国内外知名的海洋综合性高等学府，有大连理工大学、大连工业大学、辽宁师范大学等设立的高水平海洋专业学院，有中国科学院大连化物所、中船重工760所、国家海洋局环保所、辽宁省海洋水产科学研究院等国内顶级海洋相关研究机构和众多专业人才，为海洋科技创新发展奠定了恒久的动力基础。同时，大连持续推动海岸和近海工程国家重点实验室，开工建设北方海洋数据应用中心，组建大连金石湾实验室，连续多年成功举办全国水下机器人大赛和全国智能无人艇搜救大赛。在海洋智能装备、海洋资源开发等领域相继涌现一批高技术中小企业。2023年出台了科技兴海行动方案，在港航通信、新能源、新材料、生物医药等重点海洋科技领域实施基础前沿研究和关键技术创新，积极推动人工智能、计算中心等新基建设施参与海洋科技创新、数字赋能，助力海洋经济高质量发展。

旅顺经济技术开发区大连中远海运川崎船舶工程有限公司入选《2023 年（第 30 批）新认定国家企业技术中心名单》。国家企业技术中心是我国规格最高、影响力最大的技术创新平台，大连中远海运川崎船舶工程有限公司紧随绿色、低碳、智能航运发展新趋势，始终坚持以创新驱动发展，积极拓展新能源船舶业务，深度整合内外部优势资源，多层级优化技术创新体制，多举措完善技术创新保障，多方位锻造技术创新队伍，多赛道突破技术创新硬核，使科技研发投入逐年稳健递增，成功获批省市"揭榜挂帅"重大科技攻关项目支持，科研成果转化至百余艘性能优良的新船产品，科技赋能公司高质量发展成效明显。

遨海科技有限公司是一家高新技术军民融合企业，由中国运载火箭技术研究院（以下简称火箭院）、大连海事大学和核心骨干团队合伙企业联合组建。公司拥有一支来自航天和航海两个领域的创新人才融合团队，团队在多年产学研合作基础上，充分融合了航天和航海领域通信信息技术，持续深耕海上电子信息技术研发、标准研究、产品制造及信息服务，以船岸通信、导航和数据服务为主体，面向海事、航保、港口、海洋工程、海军、海警、内河、渔业等领域需求，为用户提供系统方案设计、产品研发和系统集成服务，已形成了具有自主知识产权的"遨海通"、"遨海云"和"遨海桥"三大新一代信息技术产品系列。其中，"遨海通"包括国际海事组织推动的下一代海上通信系统 VDES 船、岸、星系列产品及 AIS、融合通信、自组网通信等高性能通信产品，"遨海云"包括净海卫士、AIS/VDES 岸基管理、渔船／渔港智慧监管、全息海洋牧场监测、机舱智能监测、海洋工程安全监管、雷达 AIS 视频多源数据融合等智慧化服务平台，"遨海桥"包括船载导航雷达、ECDIS、综合船桥等智能化综合导航产品。这些产品为海事局、北海保障中心、南海保障中心、吉林海事局、山东港口集团、辽港集团、中国科学院、中海油、中电科、中交海建、海军试验基地、大连舰艇学院、军工院所等用户提供了优质的通信产品和大数据应用服务。

遨海科技有限公司成立以来，得到了辽宁省、大连市和高新园区各级政府的大力支持和认可，通过了 GB/T 19001-2016 质量管理体系、GB/T 24001-2016 环境管理体系、GB/T 45001-2020 职业健康安全管理体系和 GJB9001C 国军标质量管理体系等多项标准认定，获得了国家高新技术企业、国家科技型中小企业、辽宁省独角兽企业、辽宁省专精特新中小企业等荣誉称号。公司的技术创新成果分别获得了 2 项中国航海学会科技进步奖一等奖和 1 项辽宁省科技进步奖一等奖，申请了 23 项国家技术发明专利，授权了 11 项发明专利和 9 项产品外观专利，获得了近 40 项软件著作权。此外，获得第九届中国创新创业大赛全国总决赛优秀企业和大连赛区一等奖、第十一届创新创业大赛新一代信息技术领域成长组一等奖等荣誉称号。

该公司获批成立了辽宁省海上通信专业技术创新中心，是辽宁遨海海上通信产学研联盟盟主单位、大连高新区智慧海洋海事通信导航产业创新联盟副盟主单位、深圳全球海洋中心城市建设促进会理事单位。公司与大连海事大学成立研究生联合培养基地，培养了"兴辽英才计划"产业高端人才 1 人和大连市高层次人才青年才俊 2 人，引进了大连市城市发展紧缺人才 2 人，承担了辽宁省首批"揭榜挂帅"科技攻关项目、大连市重大科技成果转化项目、大连市高新区海创工程项目等政府项目。针对海上通信系统升级换代的重大战略机遇，为推动大连市船舶和海洋工程行业的快速发展，打造具备核心竞争力的高附加值海洋装备，项目依托于引进的大连海事大学专利成果，围绕第三代海上通信系统 VDES 岸基基站、船载终端以及岸基核心网，开展了海上宽带数字通信系列化产品、岸基核心网信息智能交换服务平台、产品自动化检测平台及国际国内技术标准体系研究，形成了完全自主可控的海上新一代宽带数字通信网络服务系统与装备，进一步推动了产业化应用。项目填补了国内产品空白，打破了海上通信领域国外技术和产品垄断，实现我国海上通信网络装备的自主可控，将推动我国在新一轮海上通信产业升级换代中抢占先机并进入产业链高端。此外，公司依托项目，培养了在海上通信技术研究、产品研制、标准研究、应用推广等方面具有丰富系统工程能力、创新能力和管理能力的人才队伍，形成了国内唯一具有第三代海上通信技术研究、硬件设计、FPGA 设计、协议栈设计、结构设计、测试检验等全面能力的技术创新团队。项目技术创新成果分别获得 2 项中国航海学会科技进步奖一等奖和 1 项辽宁省科技进步奖一等奖，申请了 10 项国家技术发明专利，授权了 5 项发明专利和 5 项产品外观专利，获得 20 项软件著作权。

【知识链接】

第三代海上通信系统 VDES 是第二代海上通信系统 AIS 的升级系统，较第二代海上通信系统 AIS 系统具有大带宽、高速率、抗干扰、高安全等特点，通信速率提升 32 倍，工作带宽提升 4.5 倍，将构建船－船、船－岸、船－星一体化宽带通信网络。根据国际标准的进程安排，一旦《国际海上人命安全公约》（SOLAS）通过全球履约船舶强制安装 VDES 设备的决议，届时国际履约船舶 AIS 设备升级至 VDES 设备，与之相配套的 AIS 岸基基站和岸基核心网系统也将同步升级换代。目前已经在交通运输部北海航海保障中心、福建海事局、海军某基地等进行了应用示范。VDES 基站作为中国运载火箭技术研究院民用产业的代表之一，以视频和实物的形式参展中国航天产业成就展，并且作为国内首批 VDES 基站，在交通运输部北海航海保障中心正式入网运行。这是我国多年来持续推进 VDES 设备研究、验证和试验后在应用领域取得的首个里程碑式的成果，取得良好的社会效益。

三、绿色生变：海域环境美了，产业资源优了

　　大连拥有天蓝、地绿、水清的优良海陆自然生态环境，多年来坚持深入打好污染防治攻坚战，积极推进美丽海湾保护与建设，持续改善海洋生态环境质量，陆续开展生态整治修复项目，近海海湾、岸段和海岛生态环境明显改善；持续开展增殖放流各类苗种，水生生物资源得到有效补充，西太平洋斑海豹、黑脸琵鹭等珍稀濒危物种得到有效保护；强力开展非法违规占用海域、滩涂、岸线问题清理整顿；建立海洋生态灾害预警监测及应急监测体系，开展大连海域典型生态系统生态状况监测评估。2023 年，深入打好渤海黄海（大连段）综合治理攻坚战，提前两个月完成全市 140 个入海排污口整治工作，累计封堵取缔 88 个入海排污口。全市近岸海域优良水质比率达 99.1%，45 条入海河流水质达标率 100%，达到历史最好水平。此外，大连按周开展入海排污口整治"回头看"，对各地区整治销号材料逐一审核把关，确保入海排污口整治成效；指导旅顺口区孙秋英养殖场将尾水排口集零为整、合四为一，同时建设尾水过滤处理设施，集中达标排放。

（一）河海共治，推进水质改善

　　大连坚持陆海统筹、以海定陆工作思路，通过河海共治推进水质改善。实

施河流断面污染补偿制度，推进入河排污口规范化整治。严格落实《排污许可管理条例》《排污许可管理办法（试行）》及相关技术规范要求，依法依规核发排污许可证，印发《大连市 2023 年城市老旧排水管网更新改造实施方案》。推进畜禽粪污资源化利用、化肥减量增效、废弃农膜回收处置，新建农村生活污水集中收集处理设施 12 个，新增农村生活污水资源化治理行政村 78 个，全市农村生活污水治理率达到 70% 以上。推进养殖水域滩涂规划编制修订，印发《大连市 2023 年水产绿色健康养殖技术推广"五大行动"实施方案》。落实《大连市船舶污染物接收、转运、处置监管联单及联合监管制度的通知》，对船舶水污染物（包含船舶含油污水、生活污水、垃圾等）实现 100% 接收。印发《关于加强渔港污染防治问题整改工作的通知》《关于加强渔港环境日常监管维护的通知》，开展金石滩、傅家庄、星海湾等 8 个重点海水浴场海水水质和海洋垃圾监测，及时发布监测信息。持续落实"海上环卫"工作机制，建立《城市建成区近海岸沿线环境卫生责任区责任人台账》，完成国家溢油应急设备库年度巡检工作，保证大连船舶溢油应急设备库溢油应急处置能力。印发《大连市美丽海湾建设工作方案》《大连市美丽海湾建设指标体系与评价细则（试行）》，开展市级美丽海湾建设评估。通过系列整治措施，大连金石滩海湾入选全国首批 8 个美丽海湾案例；编制的《复州河总氮"一河一策"管控方案》得到生态环境部认可，将其作为范本编制技术审核要点，并在全国进行推广。

【知识链接】大连金石滩海湾

背山面海，环抱海域 42 平方千米，绵延 20 余千米的海岸线上分布着绚丽多姿的山、海、滩、礁等自然景观，湾内水清岸绿、滩柔石美、气候宜人……这就是位于辽宁省大连市金普新区金石滩国家旅游度假区的大连金石滩海湾。

2021 年，大连金石滩海湾入选全国首批 8 个美丽海湾案例，成为

"两山"理念的生动实践样板。成绩的背后，是大连市全面实施近岸海域污染防治，坚持陆海统筹、部门联动、多方参与、系统治理，扎实推进美丽海湾建设的举措与行动。金石滩累计投资 3000 余万元开展海滩养护和景观修复工程，新建 7.9 公顷人工沙滩，长度约 800 米，完成换沙量 17.3 万立方米，修筑防浪堤 273.2 米。以海洋生态环境保护目标倒逼涉海产业转型发展、涉海空间优化调整，淘汰关停落后产能项目 31 个。开展非法养殖捕捞专项清理工作，清理浮筏 900 余台、清退养殖海域面积 73 公顷。近年来，金石滩年均投入 400 余万元，累计向周边海域投放鱼、虾、蟹苗近 10 亿尾，保护了生物多样性，实现海洋生态资源的可持续发展。此外投资 8000 余万元建成金石滩污水处理厂，累计铺设市政污水管网 31.8 千米，全域实现雨污分流，污水收集率达到 100%，全部达标排放，区域海水水质保持优良，近岸海域优良水质比率为 100%。

（二）注重建章立制，创新宣传

大连注重建章立制，创新宣传模式，构建美丽海湾建设"1＋3"长效机制。一方面，总结凝练了金石滩"1＋3"经验，即 1 个综合经验和"顶层设计、海湾环卫机制、新媒体应用"3 个模块经验，使全市其他海湾"学有榜样、做有标尺、行有示范、赶有目标"。建立健全"湾河共治"联席会议制度、信息共享制度、监督管理制度、考核评估制度，不断优化巡湾巡河工作流程，进一步提高区域海洋生态环境管理行政效能。创新海湾环卫机制、海面漂浮垃圾综合治理机制，构建陆地、岸线、海上环卫协同作战体系，上下贯通，实现海面漂浮垃圾"船舶打捞—靠泊点转运—垃圾集中处置"的闭环治理。另一方面，强化新媒体应用。作为国家级全域旅游服务标准化试点，金石滩创新印发《大连金石滩全域旅游服务标准化试点建设实施方案》，打造数字媒体矩阵，组织新华社、辽宁发布等 30 余家媒体开展美丽海湾资讯发布，年均开展美丽海湾宣传活动 55 项，发布相关信息 1333 篇，累计阅读量 416 万次，通过新媒体宣传，让"人人都是清洁员""金石滩是我家，人人都要爱护她"的主人翁意识和责任感成为每位金石滩人和游客的价值取向与行动自觉。通过宣传催生旅游效应，助力招商引资，成为"绿水青山"转化为"金山银山"的有效路径。金石滩美丽海湾建成以来，先后举办大连国际徒步大会、大连国际沙滩文化节、金石万巷国风节、大连国际冬泳节、水下机器人大赛、沙雕乐园嘉年华、大学生音乐节等节事活动，充分利用六五环境日、世界海洋日等契机广泛开展生态环境保护宣传，树文明新风，助力海洋生态文化和人文生态文化融合发展。

（三）湾河共治，源头发力护一湾碧水

"以往雨污合流时，原本进入污水管道的污水顺着雨水管道进入河道，一旦清淤不及时，就会影响河流入海水质。"家住金石滩附近的市民张先生说。为治顽疾，金石滩将雨污分流疏改工程作为重点民生工程，建设金石滩污水处理厂，对辖区排水管网系统进行全面改造升级。金石滩所在的金普新区，先后印发《金普新区入海排污口整治方案》等多份环境治理相关文件，完善区域环境整治长效管理机制，通过系统治理、控源截污、清淤疏浚、环境整治、生态修复等措施，有效改善海湾环境和水质。治湾先治河，金石滩重点针对海洋生态环境保护指标完成情况、海域水质达标情况、入海排污口达标排放情况等开展巡湾巡河，定期对辖区生态环境问题进行收集研判，形成问题移交清单，及时解决巡查发现的问题。对辖区内葡萄沟河、紫藤河、龙山河、汇溪湖等河道进行综合治理，提升了入海河流水质。同时，建立健全湾河联席会议、信息共享、

监督管理、考核评估等制度，确保巡湾巡河工作同频共振，进一步提高区域海洋生态环境管理的行政效能。

复州湾生态修复项目是渤海综合治理攻坚战的重要组成部分，共修复岸线17.1 千米，恢复滨海湿地 414.2 公顷，入选自然资源部《渤海生态修复典型案例》。复州河从复州湾流入渤海。"那时候，复州河入海口附近的海域和湿地几乎都被大大小小的养殖池分割开来，就连原本宽阔的河面，也变成了一条狭窄的水道与外海相通。"紧邻复州河入海口的大连市长兴岛经济区三道咀村的村民万齐胜描述道。萎缩的海湾空间、日渐狭窄的内陆河道，一度让这里的水体交换能力下降，海洋生物多样性也在下降。"前些年，我们经常带孩子来海边，后来有人在这里填海造地、修建养殖堤坝，我们就不怎么过来了。"大连市民桑胜民说。此外，由于以前湾区内的粗放式开发，围海养殖和盐田规模大幅扩张，加上填海造地工程不断向海推进，造成海湾空间不断萎缩。"围海养殖和填海造地占用大量的滨海湿地、自然岸线，甚至包括生态红线区，一度使得复州湾的海洋生态环境和生态景观价值受损。海洋生态环境恶化，也让一些濒危生物的生存环境受到威胁。"辽宁省自然资源厅国土空间生态修复处处长蔡洪春说。为此，"我们根据海岸线周边地形地貌、后方陆域现状等对岸线类型进行了细致划分，分区段确定岸线修复方式。"复州湾生态修复项目负责人王江表示，复州湾的岸线修复主要涵盖基岩岸线修复、具有防护功能的生态岸线修复以及淤泥质的生态岸线修复 3 个类别。"由于养殖池埂未占用基岩岸线，拆除外侧池埂后对这部分边坡进行整理，就基本能将基岩岸线恢复到原始状态。"王江说。在紧邻渔民房屋、耕地及滨海公路等生产生活交通设施的部分，对其外侧堤坝予以保留，主要以人工填筑土石坝加固的方式进行处理；对泥质岸线，则保留了原始土方堤坝，补种了盐地碱蓬等原生植物。"在项目推进中，我们坚持自然恢复为主、人工干预为辅，突出自然恢复为主、保护优先等原则，因地制宜采取退养还滩、构筑物拆除、岸线整治修复等措施。"王江说。为了做好复州湾生态修复工程后期管理维护工作，复州湾所在的大连长兴岛经济区管理委员会专门制定了具体工作方案。"由区社会事务管理局具体负责岸线自然损毁的修补和维护。中国海监长兴岛经济区大队负责每月对修复后的海域、岸线进行巡查，并对发现的违法违规用海问题及时查处。长兴岛街道办事处及相关村委会则对辖区内完成修复的海域和岸线进行日常看护管理。"大连市长兴岛经济区管委会副主任吴峻峰表示。"现在环境改善了，鸟儿的食物充足。"三台子湿地的野生动物保护志愿者高德军说。每年 10 月到次年 4 月，这片湿地就成了国家二级重点保护野生动物灰鹤的越冬地，天鹅、东方白鹳、豆雁、赤麻鸭等 30 余种鸟类也在这里越冬或迁徙停留。"除了三台子湿地，长兴岛周边的其他滨海湿地也是迁徙水鸟繁育、停歇和越冬的重要场所，这里同时也是东亚－澳大利西亚候鸟迁徙路线上的关键区域。"大连市自然资源局生态修复处副处长王婧介绍。在复州河入海口，原本布满河道的养殖池被拆除，曾经狭窄的河道经过疏浚，如今河水清澈、河面宽阔平缓。"我们在不影响潮流通道的前提下，对外侧临海与潮流方向一致的离岸池埂局部进行保留，分散形成 34 个狭长区域，为鸟类等动物留出觅食栖息场所。随着滨海湿地的恢复，近一年来已经在滨海湿地观察统计到鸟类29 种。"大连市自然资源局长兴岛经济区分局海洋科科长刘生革介绍。经过修复后的滨海湿地，低潮时大部分处于裸露状态，涨潮时则被淹没。"我们设计的生物栖息地始终处于露出状态，这为鸟类提供了栖息和觅食区域。"刘生革强调。遥感影像和日常观察也显示，修复区域已经基本恢复滨海滩涂湿地形态，岸线恢复自然状态，湿地植被逐渐形成，底栖生物逐渐增多。"通过在复州湾海域实施近岸构筑物清理、围海养殖池拆除、滩涂植被恢复等修复措施，我们共计恢复滨海湿地 414.2 公顷，修复岸线 17.1 千米，极大改善了长兴岛周边滨海滩涂的湿地环境。"大连市自然资源局长兴岛经济区分局负责人孙雷说。

四、文化助变：
厚重海洋文化，激活蓝色引擎

大连拥有海洋地质文化、海洋生态文化、海洋盐业文化、海洋港口文化、海洋科普文化、海洋民俗文化、海洋饮食文化、海洋军事文化、海洋体育文化等丰富的海洋文化资源。大连人的生活自古就与海洋关系十分密切。新石器时代，龙山、百越文化从山东半岛跨海传播至大连，遗留下大量贝丘遗址等。大连航海先民拓展了一条从大连到朝鲜半岛和日本列岛的固定海上通道，形成了"北方海上丝路"，大连是该航线的枢纽港。大长山岛的马石贝丘中出土的新乐文化蓖纹陶器，经测定是约 6600 年前的遗物。大连湾大嘴子遗址出土的碳化稻谷，佐证了日本水稻是从辽东半岛、朝鲜半岛传到日本九州的，证实了数千年"北方海上丝路"的延续性，记载着中、朝、韩、日 4 国人民友好交往的历史。唐代杜甫的"云帆转辽海，粳稻来东吴"、元人王懋德的"东吴转海输粳稻，一夕潮来集万船"，生动描绘了"北方海上丝路"万船扬帆运粳稻的繁荣景象。[1]金朝的辽东路提刑使王寂写的《辽东行部志》《鸭江行部志》两部书，含诗 83首、文 6 篇，记载了辽东半岛和大连旖旎的滨海景观、多彩的田园风光和杰出的海洋人物。清朝田园诗人、书法家魏燮均所作长诗《金州杂咏》中记述："金

---

[1]　陆儒德：《承载古老海洋文化的大连航海驶往大洋》，《大连日报》2023 年 7 月11 日。

州据一隅，大海环三面。境内多峰峦，平野无其半。"甘井子区营城子街道鞍子山积石墓出土的贝珠项链、文家屯遗址出土的贝壳饰品，说明早在 4000 多年前大连先民就能用贝壳制作出精美的贝雕制品。营城子街道出土的 41 座贝墓印证两汉时期贝类已广泛用于人们的生产和生活。大连地区传承了一大批与海有关的非物质文化遗产，市级以上 10 大类别 192 个项目中，有 141 个项目有着海洋文化印记，占 73.4%；民间文学类以海洋故事为主，如庄河民间故事；民俗类项目如放海灯习俗、渔人节、马祖庙会、海龙王寿诞节等；传统音乐、传统舞蹈类项目也有海洋文化的基因，如长海号子、金州龙舞等；传统技艺类项目则受海洋文化的深刻影响，如大连贝雕、大连制盐技艺等。

（一）长海号子

长海号子又称海洋号子，是国家级非物质文化遗产项目，是劳动口号的一种。长海由多个岛屿组成，千百年来岛上的居民以渔猎为生，顶风斗浪的捕鱼人被称为"闯海人"，长海号子便诞生于"闯海人"这个群体中。最初的长海号子是人们劳作时嘴里下意识发出的"呼号"声，开始只有简单的音节，可在劳作时集中大家注意力。随着船只的容积增大、吨位增加，船只进出港及航行过程中的指挥和协调变得愈发重要，号子作为船工们劳动中的号令起到了统一步调、协作团结的作用。

号子的形式在发展中越来越多样、完善。长海号子大体分为两大类：一类是船工号子；另一类是渔民号子。二者有许多共通之处，但也略有不同。货船主要使用船工号子，渔船主要使用渔民号子。号子类型可分为撑大篷号子、拔锚号子、捞水号子、拉船号子、勒锚号子、出仓号子、摇橹号子、拉网号子等。每一种号子都自成格局、自备腔调。其中，捞水号子指渔（货）船将要靠岸或驶入内河时，负责测量水深的伙计喊的号子。他们要用标有不同颜色的竹竿探测水深情况，适时向"船老大"报告，以便"船老大"第一时间作出反应，及时控制船速和方向，预防船只搁浅。捞水号子的特点是音调高亢，尾音拖得较长，风格轻松和欢快。撑大篷号子也叫三起头号子，三起头是指每只船上竖有三支桅杆。撑篷时，号子头领，众伙计和，随着帆重量的增加，号子的声调变得低沉，速度减慢，充满张力。喊号的内容既饱含着沧桑之感，又洋溢着乐观主义精神。拔锚号子是长海号子中较为常见的一种，是将船锚从水中拔出，需要船工手持绳索，同时发力，协同工作，节奏规整、简洁，旋律多为重复或变化重复。

（二）大连放海灯习俗

大连地区在每年正月十三海神娘娘生日这天进行祭祀，祭祀的方式是放海灯，场面热闹、内容丰富、形式多样、特色各异，蕴含着丰富的民俗韵味。放海灯习俗主要分布在旅顺、庄河、普兰店和长海等区域。《南金乡土志》记载：旅顺天妃庙原坐落于旅顺白玉山脚下，始建年代不详，历经明、清两朝，其间不断重修整理，香火鼎盛，近代被毁，现已不存。旅顺放海灯习俗主要分布于东南黄海沿岸，以龙王塘村、黄泥川村等为多，以文家村、刁家窝棚等涉海渔村为众。庄河青堆子镇天后宫，2002 年被列为大连第一批重点保护建筑。庄河放海灯习俗广泛存在于沿海乡镇、海岛，包括东南沿海乡镇的栗子房镇、黑岛镇、青堆镇，西南沿海乡镇的大郑镇、明阳镇，中部地区的兰店乡等。

五、结语 让"蓝色引擎"澎湃动能充分释放

建设陆海统筹发展的现代海洋城市是中国共产党大连市第十三届委员会第七次全体会议提出的"六个建设"目标任务之一。2024 年大连市政府工作报告明确，编制实施现代海洋城市建设规划，积极争取政策支持，大力发展海洋经济，提升海洋科技创新能力，提高海洋生态治理水平。建设陆海统筹发展的现代海洋城市是深入贯彻党的二十大精神和习近平总书记关于东北、辽宁、大连振兴发展的重要讲话和指示批示精神，落实国家海洋强国战略、省委省政府海洋强省战略，践行维护国家"五大安全"的重要使命和当好东北振兴"龙头"、"辽沈战役"急先锋、沿海经济带"一核引领"的责任担当。作为中国面向海洋开放最早的城市之一，大连发展的脉搏始终与潮涨潮落相应和。

第一，加强组织领导和政策支持，为现代海洋城市建设提供基础保障。一是进一步明确相关部门的职责职能，充分发挥市委海洋发展委员会统一领导、高位协调作用，市海洋发展局、相关委办局、各区市县海洋管理部门等通力合作，加快组建各类涉海行业协会、商会、产业联盟。二是秉持系统思维，注重陆域与海域经济的关联性，综合考虑国民经济和社会发展规划、国土空间规划，使海洋发展规划与城镇建设规划、土地利用总体规划、港口发展规划、交通体系建设规划等有效衔接，构建协调统一的陆海空间规划体系，编制实施现代海

洋城市建设规划。建立重点海洋产业项目、工程审批"绿色通道"制度、重点涉海企业联系制度。完善海域资源收储、流转相关规章制度。严格落实重大项目占用自然岸线"占补平衡"要求。加强无居民海岛管理。运用现代信息技术手段创新海洋经济统计和评估方法。三是加大财政投入，统筹使用各类涉海财政资金，健全主动布局支持与事后奖励补助相结合的财政支持模式，加大科技成果转化和重点项目的政策支持力度。出台精准的海洋高端人才引育政策。

第二，构建现代海洋产业体系，为现代海洋城市建设提供重要支撑。推动传统海洋优势产业转型升级。实施渔业良种工程。支持养殖池塘牧场化、生态化改造。建设现代化海洋牧场，发展深远海养殖工船和智能深水网箱养殖，推进北黄海（辽宁）国家水产养殖绿色发展示范区建设。支持远洋渔船更新改造，增进与"一带一路"国家的渔业合作，加快建设大连（辽渔）国家远洋渔业基地。建设水产品产地加工、精深加工基地和冷链物流体系，打造准万亿级海洋食品产业集群。完善水产品质量标准体系，叫响"中国海鲜预制菜之都"。支持船舶与海洋工程装备制造业智能化、高端化、绿色化转型升级，打造链条完整、配套完善、特色鲜明的现代海洋船舶制造产业集群。提升东北亚国际航运中心、国际物流中心服务能级，强化全球综合运输网络节点地位，推进东北海陆大通道建设。促进文旅深度融合，改善旅游公共服务设施和环境，加大宣传推广力度。组建海洋药物与生物制品产业联盟、技术研发中心，打造海洋生物医药、海洋保健食品产业集群，发展新型海洋生物医用、防护、环保材料产业。构建清洁低碳能源体系，发展海水综合利用业。构建多层次、广覆盖、可持续的海洋经济金融服务体系。探索发行"蓝色债券"。加快数字技术赋能海洋产业，规划建设"海洋信息产业园"，推动海洋数字产业化。

第三，建设海洋科技创新高地，为现代海洋城市建设提供强大动力。搭建政银院企多方参与的海洋科技研发公共服务平台，创建、充分利用国家省市重点实验室、技术创新中心、实质性创新技术联盟，扶持高技术产业和企业。引育海洋科技创新领军型、开创型科学家及团队，开展海洋关键核心技术、共性技术、先导性技术攻关。建设"双一流"海洋学科，创新科技人才评价选拔使用机制。落实《环渤海区域渔业生产科技服务合作协议》《船舶与海洋工程科技创新服务合作协议》。深化海洋科研管理经费改革，健全科技成果产权制度，促进海洋科技成果转化。

第四，全面提升海洋治理水平，为现代海洋城市建设提供必要条件。落实海洋"三线一单"、《大连市"十四五"海洋生态环境保护规划》等。完善海洋环境、灾害监测、预警、风险评估体系和防灾减灾基础设施。严格执行国家围填海管控政策，集约高效发展临海产业园区，控制海域养殖强度，严格落实禁渔区、禁渔期制度。完善海域资源流转、收储制度和海域使用权收回补偿办法，加强海湾、河口和滩涂综合治理，落实"湾长制""滩长制"。推动海洋经济绿色转型升级。发展低能耗、低排放的海洋服务业、高新技术产业和海洋循环经济。发展碳汇渔业，探索海洋碳汇交易。

第五章

从城市软实力到核心竞争力：建设近悦远来的营商环境标杆城市

　　营商环境是国际社会普遍关注的议题之一，是开展跨国贸易投资的重要影响因素。2001年，世界银行设立 Doing Business 项目，对全球经济体开展营商环境评估。2022年，世界银行发布 Business Enabling Environment 项目，开展新的宜商环境评价。和过去相比，瓶子变了，酒也换了，是一次重要的变革，对全球经济体优化营商环境产生了直接影响，向宜商环境并轨成为重要方向。一些可观察的共同趋向是：更加重视企业运行的外部条件，更加重视微观经济层面的监管和公共服务。这意味着营商环境建设超出了企业生命周期范畴，内涵在扩展。

　　近年来，中国持续推进营商环境改革，加强营商环境立法，取得重大营商环境建设成果。在世界银行营商环境排名中位列第31位，连续两年被世界银行评选为全球营商环境改善幅度最大的10个经济体之一。习近平总书记强调，投资环境就像空气，空气清新才能吸引更多外资。中国致力打造市场化、法治化、国际化一流营商环境，成为全球投资者青睐的最佳投资地。

　　在城市经济发展中，营商环境就是生产力、竞争力，抓营商环境就是抓发展。过去各地区吸引投资主要靠优惠政策，现在更多靠改善营商环境。近年来，随着改革阶段的跃升，营商环境建设已从"门好进、脸好看、事好办"向"营造优质营商环境生态"递进。营商环境没有最好，只有更好。科技进步、数字经济发展以及 ChatGPT、Sora 等人工智能技术应用都对营商环境提出了更高的要求。发展新质生产力需要包容创新、打破壁垒、开放合作的新型环境。营商环境建设是动态系统工程，必须坚持以人民为中心的发展思想，坚持市场取向，持之以恒推进。

　　大连何以"近悦远来"？营商环境何以抬高标杆？

一、营商 5.0："投资正过山海关" "人才孔雀东北飞"

　　1983 年，美国经济学家莱索托带领 4 名学生，要求他们在市场经济制度完善程度存在重大差异的秘鲁和纽约建立服装厂，并在取得许可证的过程中忠实履行所有手续。结果，在秘鲁花了 289 天时间，经过两次行贿才获得批准。在纽约，在没有贿赂的情况下，4 小时内完成所有手续，后者的效率是前者的 700 倍。这就是著名的"莱索托经济学实验"。这个实验表明，政府服务效率会显著影响市场发展效率，在招商引资、产业发展过程中，必须注意优化政府服务水平。

　　与此同时，中国正在兴起改革开放。1984 年 5 月，大连被列为全国 14 个沿海开放城市之一，成为改革开放的先行者。外商投资活动在大连日益频繁和丰富，对政府服务效率提出了更高的要求。"莱索托经济学实验"所揭示的原理在大连得到进一步印证。1984 年 10 月，大连在全国率先尝试开发区体制，设立中国第一个经济技术开发区，重塑政府职责和服务形象，为招商引资创造更好的环境和条件。前沿的实践触发前沿的理论。1987 年，大连强调对外开放城市要抓好软环境建设，在全国同类型城市中较早地关注并应用软环境要素推动经济发展。

　　进入 21 世纪，适应加入 WTO 形势需要，大连切实转变政府职能，改革行政管理体制，形成与市场经济和 WTO 规则相适应的行政管理体制和政策法规体系，投资软环境进一步改善。2003 年，党中央实施东北地区等老工业基地振兴战略，大连迎来新的发展机遇，认识到"新一轮竞争将更多地体现为投资环境的竞争，要坚持不懈地改善经济发展的软环境"①。之后几年间，部署开展了"软环境建设年"（2004）、"行政效能年"（2007）、"大讨论活动"（2011）、"软环境建设年"（2012）、"作风建设年"（2013）、"工作落实年"（2014）等系列主题活动，持续建设服务型政府，不断优化投资发展环境，倡导把政府的管理职能转变到为市场主体服务和创造良好发展环境上来。

从 2003 年到 2013 年，东北振兴取得了重要阶段性成果，也是大连经济腾飞速度较快的 10 年。但是 2014 年以来，东北地区经济增速持续下滑，辽宁在 2016 年 GDP 增速甚至出现了负增长。与此同时，大连也出现固定资产投资下降、财政收入下降等现象。经济发展就好比骑自行车，骑得太快容易出事，骑得太慢也会倒下。经济发展的速度要保持在一个合理的区间内，如果滑出合理区间，很多问题都将随之产生。在东北经济下滑较大的时候，出现了"新东北现象"，人口外流、企业家外走、资金外溢等问题比较突出，曾一度产生"投资不过山海关"的负面舆论影响。②习近平总书记对东北地区营商环境高度关注，多次作出重要指示批示，强调"只有建设好投资、营商等软环境，才能有效遏制东北地区资本、人才流失状况，打破所谓'投资不过山海关'的说法"③。

2016 年以来，东北地区大刀阔斧地推进营商环境改革，逐步形成营商环境地方改革热潮。辽宁在 2016 年底发布《辽宁省优化营商环境条例》，这也是

---

① 2004 年大连市政府工作报告。

② 《事关全局的决胜之战——新常态下"新东北现象"调查》，新华网，http://www.xinhuanet.com/politics/2015-02/15/c_1114383801_4.html。

③ 王庆、何倩：《优化东北地区营商环境对策建议》，国家发展改革委网，https://www.ndrc.gov.cn/xxgk/jd/wsdwhfz/202102/t20210207_1267045_ext.html。

全国首部营商环境地方立法。在新一轮机构改革中，辽宁普遍设立营商环境建设局，牵头抓总推进营商环境建设。大连是东北经济体量最大的城市，沿海开发开放较早，营商环境基础相对较好，在全省处于前列水平。在 2019 和 2020 年全国营商环境评价中，大连成为进步最快的 14 个城市之一，4 项指标获评全国标杆。在 2023 年获评国际化营商环境标杆城市。经过持续努力，大连营商环境建设已经发展到 5.0 版本，正在建设近悦远来的营商环境标杆城市，以企业群众满意为第一标准，以稳定、公平、透明、可预期的市场化法治化国际化一流营商环境为"强磁场"，打造聚才汇商新生态，培育高质量发展新引擎，营造"近者悦而尽才、远者望风而慕"的良好氛围。

2024 年大连新春第一会锁定营商环境（大连新闻传媒集团 供图）

打造"清风辽宁政务窗口"（大连市营商环境建设局 供图）

　　如今，辽宁已经走出了多年来最困难的时期，外界对大连的预期进一步改善，"投资正过山海关"，"人才孔雀东北飞"。2023 年辽宁地区生产总值增长 5.3%，10 年来首次超过全国增速，总量突破 3 万亿元，新增注册科技型中小企业 10341 家，同比增长 55.6%，一年来的增量达到总量的 1/3，引进海内外优秀博士和高级职称人才、高校毕业生分别同比增长 77%、20.8%，[①]扭转了多年人才外流的不利局面；人口净流入 8.6 万人，扭转了 2012 年以来连续 11 年人口净流出的局面。[②]2023 年大连地区生产总值增长 6%，增速高于全省、全国，总量达

---

　　① 《为什么说"辽宁营商环境发生重大转变"？》，度看辽宁，http://baijiahao.baidu.com/s?id=1791286976909606532&wfr=spider&for=pc。

　　② 《去年我省人口净流入八点六万人　二〇一二年以来人口净流出局面得到扭转》，《辽宁日报》2024 年 2 月 7 日。

到 8752.9 亿元，新注册科技型中小企业 2093 家，科技成果本地转化率达 42.2%，接收应届高校毕业生 6.5 万人、增长 27%。2023 年 9 月，习近平总书记主持召开新时代推动东北全面振兴座谈会，为东北全面振兴注入了新的动力和活力，"东北的春天来了"。2023 年冬季，哈尔滨冰雪文旅率先火爆出圈。之后沈阳文旅快速升温，"周末向北、沈阳最美""沈水之阳、我心向往"叫响互联网，央视春晚沈阳分会场演出效应进一步扩大了文旅吸引力，春节期间约 1112 万游客打卡沈阳。大连在春节期间举办 200 场文旅活动，打造 17 个特色冬季室内外购物休闲旅游去处，引发市民和游客的兴趣，游客订单量同比增长 537%。[1] 据统计，2024 年春节假期，辽宁共接待游客 4086.6 万人次，同比增长 299.6%，按可比口径较 2019 年同期增长 64.6%；实现旅游综合收入 412.7 亿元，同比增长 572.7%，按可比口径较 2019 年同期增长 149.4%，人均消费过千元。[2] 文旅市场具有先导性，东北营商环境正在经历从"网红"到"长红"的发展阶段，重塑了东北人对营商环境的观念认识。正像网友所言，去淄博，吃的不是烧烤，是政通人和。到哈尔滨，看的不是冰雪，是寒城暖意。在沈阳，从"沈阳站站"更名里感受到城市治理者的从谏如流。在大连，一条直抵大海的港东五街让游客体验宜居生活之美。一座城市的职能部门、市场主体和市民百姓营造的暖心营商环境，才是持续推动"流量"变"留量"的成功密码。大连营商环境的变化是东北全面振兴的缩影，多年来的改革攻坚正在释放红利，这个时候要抓住机遇，向前一步，全力打造营商环境"升级版"，努力把"起势"转化为"胜势"，推动营商环境发生持续性、根本性好转。

---

[1]《大连春节假期携程订单量同比增长 537%》，《大连日报》2024 年 1 月 18 日。
[2]《春节假期辽宁接待游客 4086 万人次》，央广网，http://news.cnr.cn/local/dftf/20240219/t20240219_526598629.shtml。

二、调度、"赛马"、督导：
"大项目顶天立地""小项目铺天盖地"

　　大连是东北开放的窗口、经济体量最大的城市，需要率先统筹好速度、规模、结构、质量的关系，实现质的稳步提升和量的合理增长，更好带动东北向上跃升。从政府职能角度看，调度项目是推动经济社会高质量发展的重要手段，是主动作为、狠抓经济、促进增长的重要体现。近年来，东北区域经济下行压力仍然较大，房地产行业调整、财政增收困难产生的影响仍在持续，传统调度项目的思维惯性、工作惯性使其在实际工作中的作用越来越弱。特别是在面对全国新一轮招商引资竞争环境时，"商越来越不好招、企越来越不好留"，必须转变观念、创新方法、抓实项目，才能扭转竞争弱势，为地区发展积蓄未来动能，让实体经济有发展底气和后劲。在招商实践中，工作作风、专业化程度、改革攻坚能力越来越受到关注，不再是简单地给地、给钱的粗放式招商时代了，企业投资的信心需要政府效率反馈增强。

　　2023年，大连市提出"抓实项目才能抓实工作"的理念，树立大抓项目、抓大项目鲜明导向，创新实施项目分级分类调度、"赛马"激励和督导检查三项机制，印发了《大连市推动项目高质量发展三年行动方案（2023—2025年）》和《大连市推动项目高质量发展三项机制》等文件，坚持谋划、招引、建设一体推进，以源源不断的高质量项目为率先实现全面振兴新突破提供有力支撑。三项机制调动了干事创业的积极性，赛出了成绩，当年实现谋划储备推进重大项目3600个，掀起了项目浪潮，带动形成"大项目顶天立地""小项目铺天盖地"的良好局面。

调度、"赛马"、督导三项机制内涵丰富。一是建立项目分级分类调度机制。坚持问题导向，明确调度范围、调度重点内容、分级分类调度机制。实行市委主要负责同志季调度和专题调度，市政府主要领导同志月调度和专题调度，市委常委和市政府副市长负责分管领域调度，市直部门牵头调度，各地区日常调度，形成以上率下工作机制，随时掌握项目进展情况，及时解决难点堵点问题。二是建立项目"赛马"激励机制。突出目标导向，科学确定新增谋划项目、签约落地项目、开工建设项目、固定资产投资增长等工作目标，聚焦"成绩单"，激励先进、鞭策后进，跑出项目建设的"加速度"。将全市各参评地区分成主城区、北部地区、开放先导区三类片区，进行同类可比评价，按季度进行量化赋分评价，对每个季度综合得分前两名的地区，给予政策资金、绩效考核、创先争优等奖励激励，对成绩突出的先进集体和个人通报表扬，在提拔使用中予以优先考虑。三是建立项目督导检查机制。聚焦结果导向，确立督查内容、督查方式，督任务、督进度、督成效，查认识、查责任、查作风，以高标准督导检查推进高质量项目落实落地，强化成果运用，坚持督考合一，发挥考核风向标和指挥棒作用。

三项机制中，"赛马"是核心，通过激励先进，鞭策后进，切实让不想跑的跑起来、跑起来的跑得快、跑得快的跑更远，推动项目投资增数量、壮体量、提质量。三项机制的应用效果是很明显的。一是使过去抓项目的工作习惯得到升华，项目管理更加系统化、明晰化，增强了项目建设的热情和效率。二是以赛促干。通过公开比较、量化赛绩，形成"比学赶超"浓厚氛围，让干好干坏不一样，激励担当作为，破解"躺平太平"现象，让实干成为风尚。从东北地区营商环境建设进度来看，过去"门难进、脸难看、事难办"的问题已经基本解决，企业群众最盼望的就是干部能够主动干事。三项机制像春风一样搅动一池春水，改变的是干事创业的生态。三是以赛促改。项目建设的过程反映的是深层次体制机制改革的情况。对于企业来说，投资的目的是企业盈利，那些影响盈利的因素才是最重要的决策因素。政府需要配套供给产业上下游的发展环境，在土地、人才、资金、数据等要素保障上给予政策支持，加快要素市场化改革的步伐。对于基层招商队伍来说，招商是门技术活，更是系统工程，没有上级单位的支持、关联部门的配合是很难推进的。这就需要改革完善上下级单位、横向单位互动关系，主动补位配合，"基层吹哨、部门报到"，加快行政体制改革，数字赋能政府治理现代化，促进系统内部运行机制蝶变，增强整体性政府治理效能。

2023 年 11 月 1 日，总投资约 50 亿元的中粮油脂大连饲料蛋白加工项目暨大连市重点项目开工活动在大连金普新区北良港举行。这个项目是三项机制应用的典型成果之一，从签约到落地仅用 4 个月时间。该项目是中粮集团粮油加工产业布局在东北地区的旗舰工厂和重要枢纽。预计达产后年可加工油料 300 万吨，实现年营业收入 150 亿元，将有力保障东北地区饲料蛋白和油脂的稳定供应，在保障国家粮油安全、提升国内粮油加工行业现代化水平、增强区域粮油行业聚集效应等方面发挥重要作用。这样的大项目能够落地大连金普新区，是充分发挥主观能动性、高层次干部调度的结果。一开始，项目落地是有很多现实约束的，特别是基础设施配套需求及解决场地历史遗留问题较为复杂，一些干部是有畏难情绪的。大连市、金普新区两级主要领导亲自挂帅，召开多次专题会，组建工作专班，协调中粮集团、海洋局等审批工作，破解了项目落地中多年沉积的历史问题，用改革突破的诚意打动投资商，展现了"大抓项目、抓大项目"的决心和担当，把项目招引办成央地合作的标杆工程。一个标志性大项目的成功落地，对地区的影响是巨大的。不只是经济指标或未来动能的储备效益的增加，更在于提振了干部谋项目的信心、锤炼了攻坚克难的作风、培养了机遇意识和服务能力。事实证明，干与不干不一样，努力不努力结果不相同，崇尚实干、努力拼搏、善于攻坚，就一定能够创造辉煌的业绩。

大连正在建设近悦远来的营商环境标杆城市（大连市营商环境建设局 供图）

三、数字孪生城市：
"一屏观全城""一网管全城"

近年来，大连市将打造协同高效数字政府作为城市高质量发展、群众高品质生活的新动能，推动政务业务"一网协同"、政务服务"一网通办"、城市治理"一网统管"，提升城市治理能力现代化水平，促进大连市营商环境优化和经济社会发展，推动"两先区"建设和高质量发展新突破。2019年大连政务服务网上线运行，之后不断优化升级、拓展功能，已实现市级和区县级1.2万余项行政审批事项、2400余项公共服务事项网上办理，涵盖婚姻登记、消费维权、证件办理、社会保障等各个领域，支持38类证照在线核验免提交，大大提高了市民办事效率。2022年5月，市民王先生喜得贵子，他和妻子面临孩子上户口、交医保、参社保等一系列手续办理问题。恰好有朋友办过这些手续，于是在这位朋友指导下，王先生登录大连政务服务网，一键提交新生儿出生证明、监护人身份证、户口簿、结婚证等材料，轻松完成了出生落户、参保登记等事项办理，直接在家等待邮寄送达，足不出户就完成了原本复杂的事项，让王先生点赞不断。①

"一网通办"既要方便网上，也要方便网下。大连市精心谋划实施市政务

---

① 《再次升级！大连全市，一网通办！》，《大连日报》2022年6月24日。

服务大厅综合窗口改革，对大厅所有窗口的功能、政务服务资源进行整合，以综合窗口的形式设置了 4 个功能专区。在专区的每一个窗口都能直接办理，基本实现了"跑一个窗口、办所有事"的目标。对于业务相对清晰、专业性要求不高、没有特殊授权要求的 584 个常见事项都可在通窗专区直接办理。对于企业开办、商标注册、特种设备登记、医疗器械备案等有明确要求、专业性较强的事项，设置"企业开办综合窗口专区""工程建设项目并联审批综合窗口专区""中省直业务窗口专区"集中办理。[①]

大连市在"一网通办"倒逼政务服务流程再造、"一网协同"倒逼政务业务开放共享的基础上，逐步向城市治理的智慧化、科学化、精细化迈进。2022 年 11 月，大连市"一网统管"运行指挥中心应用系统上线运行，正式开启"数治"大连新模式，综合运用互联网、大数据、人工智能、数字孪生等新一代信息技术，汇聚融合多源数据，搭建智能化数字底座，打造全域感知体系，构建协同共治平台，建设集态势感知、分析决策、事件管理、联动指挥、监督考核于一体的城市智能运行管理中枢，加强城市治理多维场景的创新应用，打造平战结合、协同联动的综合指挥调度体系，推动"观、管、防"有机协同，实现"一屏观全城""一屏管全城"。

一是打造"数据港"，数据反哺实现智能决策。融合百度地图数据和空间地理数据，精细还原城市场景，依托可视化引擎实现三维效果的实时渲染，立体生动地展现城市运行体征。叠加百度地图与人口综合库数据，从性别、年龄、消费水平等不同维度对重点地区人口进行画像，综合反映城市人口活动的集聚性特征。汇聚政务、时空、视频和互联网等多源数据 40 余类，引入城市人口、城市交通、产业经济、网络舆情 4 大类 90 余项互联网数据，累计汇聚融合数据 7.5 亿余条，通过数据全城跑通、全域贯通，发挥数据集聚效应，利用精准的

---

① 《大连一个综合窗口可办理 584 个事项》，《辽宁日报》2022 年 3 月 8 日。

"数据反哺"，实现数据为城市高效运行和精细化管理赋能。

大连市税务局推出 3D 版税务数字虚拟人"爱连·塔可思"（大连市营商环境建设局 供图）

　　二是构建"智慧脑"，人防人治转向智防智治。打造"智能中枢"，集成安全、民生、城管、交通等 4 个方面 26 类 AI 算法，经过"智能中枢"各系统的智能分析、主动思考，在感知世界的过程中进行智能化态势洞察、分析研判、处置决策等，针对人群聚集、垃圾暴露、道路积水、消防通道占用、违法垂钓等事件，实现智能发现并主动推送；基于 12345 热线投诉数据，通过 AI 智能分析，构建城市事件图谱，实现事件预警。助力形成"观"全城、"管"全面、"处"及时的城市运行综合管理系统，让城市管理更加精细化、智慧化。

　　三是配备"智能眼"，智能感知替代人工发现。"一网汇聚"2.7 万路公安视频和政务大厅视频，打造集约化城市感知体系，结合 AI 解析提升城市事件发现能力，实现无照经营游商、露天烧烤、消防通道占用等城市违规行为的实时感知、智能识别，提升事件发现和处置效率，使城市"一件事"的发现和处置由被动转向主动，提升城市全面感知能力，提高城市治理效能。

四是架设"立交桥"，条块互通实现协同共治。对接消防、城管、应急等10余家单位业务系统，围绕"高效处置一件事"，以架设"立交桥"的方式，不替代各部门业务系统，不打破各部门应用格局，打造综合运行管理系统，实现跨部门业务系统"一屏统揽""一键调度""一体联动""一网共治"。让事件发现及时全面、处置高效便捷，满足平战结合、协同联动、综合调度的需要，助力城市数字化转型和城市治理效能提升。

大连"一网统管"运行成效明显，受到广泛的关注和高度评价。在人民日报社、中国信息通信研究院、中国工业互联网研究院等单位联合主办的2022年智能经济高峰论坛上，大连"一网统管"运行指挥中心应用系统荣获"2022产业智能化先锋案例"。在联合国人居署、世界经济论坛等国际机构支持的全球智慧城市大会上，大连"一网统管"运行指挥中心应用系统成功入围2022世界智慧城市中国区"宜居和包容"大奖，这是辽宁省乃至东北地区唯一入选的城市类别项目。2023年，获评全国信息技术标准化技术委员会"城市数字孪生"优秀案例。

【知识链接】什么是数字孪生城市？

21世纪初，迈克尔·格里夫斯（Michael Grieves）教授在美国密歇根大学的课堂上首次提出"数字孪生"（digital twin）的设想。作为一种仿真技术，它在理论上不仅要求与物理实体的几何结构保持一致，而且能够在信息系统中镜像复原物理实体的状态和行为，技术上利用大量的传感器监测物理实体的运行状态，通过数据建模仿真来验证对物理实体的控制效果，最终可以控制物理实体的运行。

数字孪生城市，是"数字孪生"在城市空间中的应用。城市是由物理空间、社会空间和信息空间相互交叠而成的开放复杂的巨系统。而在"数字孪生城市"中，信息则将成为"物理"和"社会"的载体。换句话说，在"数字孪生城市"中，物理空间和社会空间都将以信息的形式呈现在我们面前。

四、清上加亲：政商互动机制来护航

2023 年 11 月 16 日，大连金葵集团董事长丛培刚先生在微信朋友圈晒了两张照片，这两张照片是大连市委书记、大连市市长署名的《致企业家的一封信》。信中提及，"尊敬的丛培刚董事长，您好！城市的发展与企业的发展共生共荣、双向奔赴；企业家的精神塑造了城市气质，铸就了城市的发展力量。首先，感谢您多年以来大力弘扬企业家精神，扎根大连、投资兴业，为这座城市的经济社会发展辛勤耕耘和倾力奉献。……在此，我们诚挚邀请您对全市 2024 年经济工作提出意见和建议；同时，如果您的企业在科技创新、产业升级、项目申报、政策支持、市场开拓、人才引进培养等方面遇到了实际困难，以及有需向国家部委、央企总部寻求支持的事项，请您一并回信反馈给我们。我们郑重承诺，对您所提出的意见建议，我们将认真研究吸纳；对您所提出的困难诉求，我们将尽最大努力推动解决"。丛培刚先生在微信照片旁附文："经营企业33 年，今天收到了书记市长的慰问信，对企业的关怀令人感动！不负期待！"这温馨的一幕是大连构建亲清政商关系的缩影。从 2023 年 11 月开始，大连市开展了市委、市政府主要领导"致企业家的一封信"活动，从全市各领域筛选200 家企业，向企业家致信，了解企业困难问题，虚心听取企业家意见建议，并走访回信企业，现场办公研究解决企业诉求。

在开展一封信活动之前，为进一步规范全市党政领导干部与民营经济人士交往行为，鼓励引导领导干部秉持公心、放下包袱，主动帮助民营企业办实事、解难题，大连市委统战部、市纪委机关、市监察委员会、市委组织部联合印发《大连市党政领导干部与民营经济人士联系交往正面和负面清单》（以下简称《清单》）。《清单》从"应当做什么""可以做什么""不得做什么"3个方面，对党政领导干部与民营经济人士交往作出明确规定，从正、反两方面提出交往准则，让领导干部明明白白地与民营经济人士交往，做到亲而有度、清而有为。《清单》对于公职人员来说，既有约束又有赋权，清晰界定了政商交往的一些模糊地带，规定"行""止"，划清交往底线和红线。对于企业和企业家来说，释放要守法合规经营的信号，知道哪些事该找"市场"，哪些事该找"官员"，不回避纠结，让企业和企业家放心安心交心，解除政商两方面的后顾之忧。

在大连还有一个令外界关注很高的民营企业诉求直接办理机制，在构建亲清政商关系上形成了特色探索经验。2021年，大连市工商业联合会第十六次代表大会提出"工商联作为出卷人，书记市长作为答卷人，民营企业家作为阅卷人，每月为企业解决十件实事，畅通党委政府和民营企业的沟通渠道，切实为民营企业家办实事、解难题"的工作要求。2021年12月19日，市委办、市政府办印发《关于印发大连市民营企业诉求办理机制的通知》，明确了工商联牵头反映解决民营企业诉求办理机制。一是问题办理机制。市工商联对收集到的问题进行梳理和分类，对应办能办的问题，直接推送到有关责任部门督促办结，并实行每月通报；对应办难办的共性问题，每月梳理"十件实事"上报市委、市政府，主要领导组织集体研究、形成解决方案，并责成工作专班建立工作台账，细化工作举措，明确责任主体和完成时限，推动问题彻底解决；对应办未办、久拖不决的问题，专报市领导追责查办，倒逼诉求问题及时解决。二是问题解决机制。工作专班按照市委、市政府主要领导批示要求，对市工商联每月上报的"十件实事"进行分析研究，提出解决办理的基本原则、思路方向、责任主体、完成时限，形成《民营企业诉求事项解决方案》，交由相关责任部门具体落实。各相关责任部门根据《民营企业诉求事项解决方案》，细化工作措施，按规定时限办结。三是问题反馈机制。建立企业"吹哨"、部门"接招"、专班"销号"的反馈机制，市工商联通过召开会议"谈"、发放表格"报"、征求意见"评"等方式，将上报问题最终解决方案及时反馈给诉求企业，让企业知晓情况、把握进度、全程"监考""阅卷"，同时组织对"十件实事"办理情况进行效果评估打分，诉求企业满意后，工作专班对办理事项进行完全"销号"，让企业成为认定诉求办理流程是否完结、工作成效是否过硬的决定性力量。此外，还建立起一套从问题筛选、分析、梳理、报告到研究、解决、评估、销号的全链条工作流程，通过解决企业反映的"一件事"破解市场主体"一类事"，把解决一件事的"应对之策"上升为解决同类事的"制度安排"，达到"点亮一盏灯、照亮一大片"的效果。①

通过每月 10 件事的反映渠道，推动解决了一批困扰企业多年的复杂问题，赢得了良好的营商声誉。大连市工商联副会长、大连三友电器设备有限公司董事长黄伟冬说，"我提出渤海大道多年未贯通影响周边企业人员通勤和物流问题，没想到市委、市政府这么重视，这么快就得到了答复。市委书记不仅开会专题研究这个问题，还深入施工一线现场办公，对影响工期的难点仔细研究，提出解决对策"。黄伟冬表示，他亲身感受到民营企业诉求无障碍、问题有人管，感受到大连市委、市政府为民营企业办实事的决心和诚意，坚定了在大连发展的信心。大连总商会副会长、大连铁岭商会会长、大连壮元海生态苗业股份有限公司董事长孙刚提出了涉海企业保险及信贷问题。孙刚没想到，问题提出后迅速得到了答复并落实，市金融发展局第一时间与相关银行确认，涉海企业持有的海域内岛礁、浮筏、网箱等相关权证可进行抵押。孙刚深有感触地说："真是

---

① 《我市创新民营企业诉求办理机制　进一步构建亲清新型政商关系》，《大连日报》2021 年 12 月 20 日。

太快了！想不到大连为民营企业办实事的效率这么高。我不仅体验了实时回应、及时办结的互动，更深切感受到了市委、市政府'马上就办、办就办好'的工作作风，增强了我们专心发展企业的底气。"大连市中小企业联合会会长、大连巅峰集团董事长徐德贵说，近年来，民营中小企业面临着融资难、融资贵等发展瓶颈，这次大连为民营企业办实事、解难题，给了中小民营企业极大的支持与鼓舞，大家看到了政府部门的努力付出，切身感受到市委、市政府是真心关爱民营企业，真心实意为我们解决问题。"市委、市政府对我们的关心和服务，让我们真心感受到，政府和企业真的是一家人。"①

工作人员热情服务（大连市营商环境建设局 供图）

---

① 《我市创新民营企业诉求办理机制 进一步构建亲清新型政商关系》，《大连日报》2021年12月20日。

五、知产变资产：
知识产权金融服务管理创新

科创企业的成长离不开金融的助力，"技术＋资本＋产业"已日益成为培育壮大科创经济的"金三角"。近年来，大连市涌现了一批中小微科技型企业，储备了一定规模的知识产权科创成果，形成了知识产权金融服务需求。但是，受知识产权评估难、定价难、处置难等因素制约，银行等间接融资、社会资本等直接融资积极性均不高，"科技寻不到资金、资本投不到项目"。突破知识产权融资，有利于促进科技与金融的结合，减少资源错配和精力浪费，让资本专注资金，让技术专注科研，提高科技成果转化率，加快科创产业化进程。[①]

2019 年大连获评全国知识产权运营服务体系重点城市以来，在国家、省知识产权局的大力支持下，在市委、市政府的坚强领导下，大连紧紧抓住知识产权这一金融服务核心要素，发挥政府风险补偿基金和市场担保机构两个风险分担机制，打造知识产权交易、股权融资、金融服务三个平台，整合市知识产权局、人民银行大连中心支行、大连银保监和大连金融发展局四部门力量，推动开展质押融资入园惠企、公开转让许可、挂牌股权融资、服务上市企业、保护

---

① 沈毅：《运用系统观念发展科创金融》，《中国银行保险报》2023 年 8 月 25 日。

着力破解知识产权"评估难、定价难、处置难"（大连市营商环境建设局 供图）

所有人权益等五项行动，快速推进知识产权金融服务工作。2023 年，大连市知识产权质押贷款达 399 笔，质押金额为 25.99 亿元，同比增长 27%，累计达 56.49 亿元，居辽宁省首位。[①]大连知识产权金融在服务质量、服务内容、服务模式等方面都实现了跨越式发展，已经成为促进知识产权与金融资源有效融合、

---

① 《大连三年累计发放知识产权质押贷款 56.49 亿元》，闪电新闻网，https://sdxw.iqi-lu.com/w/article/YS0yMS0xNTMyODE5Nw.html。

拓宽中小微科技型企业融资渠道的重要抓手。

在知识产权金融服务中有两类不同的情况。一类是知识产权质押贷款的间接融资。一般是将权利人的知识产权估值抵押后获得项目资金的银行贷款过程。大连市各银行业机构都在积极推进知识产权融资，不断探索金融创新，推出各类新产品，加大信贷支持力度，助力"知产"变"资产"。渤海银行大连分行推出知识产权融资普惠金融产品——"科创贷"，并投放知识产权质押融资贷款，拥有多项专利权的大连金普新区某专精特新企业凭借知识产权获得了400万元的资金支持。大连市某科技环保企业订单激增，急需流动性资金用于采购原材料，浦发银行大连分行得知企业融资诉求后，第一时间给企业出具融资方案，给予该企业470万元知识产权质押贷款，为企业解了燃眉之急。大连天薇管业有限公司是东北地区雨水污水管道最大生产商，近年来由于订单量激增，数百万元的原材料采购款没有着落，工商银行大连高新园区支行联合大连至诚知识产权运营中心共同调研企业，了解企业经营状况、资金需求情况，并根据企业生产经营、知识产权运用等情况，为企业量身定制知识产权质押贷款方案，短短四天就进行贷款资金投放，解决了客户燃眉之急。

知识产权质押贷款的烦恼，不是银行单一主体的问题。知识产权质押贷款主要是通过间接融资的渠道将权利人的知识产权估值抵押后获得项目资金的过程。表面上看，这是权利人和银行双方的事，但实际上却是多元主体参与的全链条活动，包含知识产权的认定、评估、担保、交易等多个环节。银行是有意愿进行贷款的，但是担心贷款还不上怎么办。这就需要政府之"手"破解市场失灵。大连市提供了一个很好的经验。大连市知识产权局牵头组建了大连知识产权金融服务与创新发展联盟，整合银行、保险、评估、担保、交易、法律、服务等100余家单位资源，设立了知识产权质押贷款风险补偿基金试点，组建大连市知识产权综合交易平台，畅通了知识产权登记流转处置渠道，用系统化思维分散质押贷款风险，构建了间接融资生态圈，实现了不同主体激励相容。[①]

　　另一类知识产权金融服务是知识产权股权化融资，通过知识产权投资入股方式获得投资融资，主要对象既有拟用知识产权作价入股新成立企业的高校院所，又有拟用知识产权增资扩股的现有企业。目前，大连这项工作走在了全国前列。依托大连产权交易所，大连市整合法律、评估、财务、知识产权及金融团队，建设大连市知识产权股权化融资平台，引导社会资金、人才等资源汇聚。一是向全市征集知识产权股权化融资需求，走访高校院所，开展专项培训，推动高校院所高价值知识产权组合团队和初创企业完善企业股权架构。二是做好知识产权价值评估和资产调查，对接战略客户和金融机构，通过专业化知识产权股权化融资团队，助力知识产权项目落地转化和融资再发展。为鼓励大连高校知识产权股权化融资和科学性公司建设，大连市市场监管局（大连市知识产权局）会同大连市财政局制定了知识产权股权化融资资助、挂牌交易资助等一系列扶持政策，对通过知识产权投资入股方式实际获得投资融资，且围绕知识产权开展核心业务的企业给予最高 300 万元资助，以促进企事业单位推进知识产权运营交易，推进知识产权股权化融资和知识产权要素市场化流动，促进知识产权高价值专利组合项目快速引进资金、落地转化。大连大学逆时针芯片、连大能源科技等 20 余个知识产权股权化融资项目（包含新能源、人工智能、等离子体技术、新一代信息技术领域等多项专利在内）与相关意向企业进行了专项对接。[②]

　　从间接融资到直接融资，知识产权股权化金融还有更大空间。当前，知识产权质押贷款金额多以短期、小微为主，有时还不能完全满足科技企业生命周期融资需要，亟待突破直接融资渠道，提高市场化融资能力。大连市在知识产

①　沈毅：《运用系统观念发展科创金融》，《中国银行保险报》2023 年 8 月 25 日。
②　《大连在全国率先开展知识产权股权化融资》，《辽宁日报》2023 年 6 月 30 日。

权股权化融资方面的探索更具推广价值。依托产权交易所，整合法律、评估、财务、知识产权及金融团队，建设大连知识产权股权化融资平台，打通"知识产权作价入股""知识产权增资扩股"两类社会融资渠道，形成知识产权"间接融资体系＋直接融资体系"协同创新生态，完善"银行－技术－社会资本"纽带，让银行资金主动寻找企业的专利，让社会资本主动对接高校的发明。① 观念一转天地宽。大连市运用系统观念破解了知识产权融资难题，使得知产变资产、流量变存量，打造出科创友好型营商环境，辐射带动东北地区科创金融快速发展，"金融活水"正在浇灌"科创之花"。

【知识链接】知识产权金融

　　知识产权金融是知识产权与金融资源融合，指企业或个人以合法拥有的专利权、商标权、著作权中的财产权经评估后作为质押物，向银行或其他金融机构申请融资。

　　知识产权是国家发展的战略性资源和国际竞争力的核心要素，金融是现代经济的核心。加强知识产权金融服务是贯彻落实党中央、国务院关于加强知识产权运用和保护战略部署的积极举措，是知识产权工作服务经济社会创新发展、支撑创新型国家建设的重要手段。促进知识产权与金融资源的有效融合，有助于拓宽中小微企业融资渠道，改善市场主体创新发展环境，促进创新资源良性循环；有助于建立基于知识产权价值实现的多元资本投入机制，通过增值的专业化金融服务扩散技术创新成果，全面促进知识产权转移转化；有助于引导金融资本向高新技术产业转移，促进传统产业的转型升级和战略性新兴产业的培育发展，提升经济质量和效益。

---

① 沈毅：《运用系统观念发展科创金融》，《中国银行保险报》2023 年 8 月 25 日。

六、预防胜于惩治：
开展营商环境协同监督

加强营商环境监督是当前深化营商环境改革的重点问题之一。2022年初，大连市开展了营商环境协同监督创新实践，出台了《大连市政协市纪委监委关于对营商环境建设情况协同监督的工作意见》，率先建立了关于营商环境建设协同监督的工作机制。这种创新实践，是民主协商监督与党内专责监督在营商环境领域协作的初步尝试，对于推进营商环境改革、启发拓展其他各类监督体系协同应用场景具有重要价值。

大连开展营商环境监督是营商环境改革进入"强监督、治未病"深度治理阶段的演进标志。通过加大对破坏营商环境行为的监督力度，推动营商环境问题整治从事后惩处向事前、事中监督转变，增强营商环境改革的主动性。大连市政协与市纪委监委协同开展营商环境监督工作，是协同监督的典型创新，就是抓住了"监督"这个关键环节、聚焦了"协同"这个重要方法，把政协民主协商监督与纪委监委党内专责监督有效贯通起来，通过信息互通、资源共享、力量互借、结果共用等方式，产生"1＋1＞2"效应，把政协触角广泛性和纪委监委约束刚性连接起来，形成闭环衔接机制，推动营商环境改革标本兼治。

营商环境民主协商监督与党内专责监督协同机制建立具有内在运行机理。

政协民主监督有自己的特点。民主监督是人民政协的三项职能之一，在我国监督体系中有自己的特点。一是协商式监督。政协民主监督提出意见和批评是建议性、协商性的，而不是权力性、强制性的。[①]主要通过协商会议、提案建议、调研视察、社情民意等方式反映意见和建议，推动政府部门等改进方式方法，是一种"软监督"，但仍具有对权力运行的制约和监督作用。[②] 二是问题导向式监督。奔着问题去、查找问题原因、提出解决建议，是政协民主监督发挥作用的基本机制。问题能不能找得准、反映得及不及时、说得在不在理，是政协民主监督效能的集中体现。三是政治影响式监督。政协民主监督的约束力不在于法律责任，而在于政治影响，通过政治协商、参政议政职能放大民主监督政治影响力，使得这种监督方式具有独特的政治功能。但是，在实践中，民主监督仍然是我国监督体系中的一块短板，也是政协三项职能中的一个薄弱环节。[③]其中，如何提高"软监督"的约束效力是亟待破解的问题。

党内专责监督也有自己的特点。党内监督是党内监督机构对党员和党的工作部门执行党内法规与国家法律的情形进行专门监督的制度。《中国共产党党内监督条例》规定，"党的各级纪律检查委员会是党内监督的专责机关"。习近平总书记指出："党的执政地位，决定了党内监督在党和国家各种监督形式中是最基本的、第一位的。只有以党内监督带动其他监督、完善监督体系，才能为全面从严治党提供有力制度保障。"[④]党内专责监督是内部监督，也是权力监督，具有权威性和强制性，突出对监督对象行使权力、履行职责的监督，发挥独特的政治纪律监督功能。

---

① 陈惠丰：《人民政协民主监督理论的新发展》，《中国政协理论研究》2017 年第 3 期。
② 吕忠梅：《人民政协民主监督理论初探》，《中国政协理论研究》2017 年第 4 期。
③ 邵六益：《人民政协民主监督：一种协商式监督》，《学习时报》2021 年 10 月 6 日。
④ 《习近平著作选读》第一卷，人民出版社 2023 年版，第 519 页。

政协民主监督和党内专责监督协同发展是完善国家监督体系、提高监督效能的内在要求，也是推进治理体系和治理能力现代化的重要体现。两类监督协同是强化互动、力量互补的过程。一是互补性治理。两类监督各具优势，也各有短板。民主监督触角广泛，收集社情民意、反映意见建议渠道多、代表性强，能够为专责监督扩大信息来源、问题线索。专责监督具有特殊刚性，能够把民主监督软性转化为刚性，增强监督效力。二是整体性治理。党的十九届四中全会提出了纪律监督、监察监督、派驻监督、巡视监督、人大监督、民主监督、行政监督、司法监督、群众监督、舆论监督、审计监督、统计监督等多种监督要求，同时强调"以党内监督为主导，推动各类监督有机贯通、相互协调"。整体性治理强调突出治理主体之间的功能整合和步调协调，从整体和全局出发，避免多头治理碎片化问题，提高治理整体效应。两类监督协作是整体性治理的一个侧面，也是各个监督主体贯通的一个环节。三是协同治理。注重系统性、整体性、协同性是全面深化改革的内在要求，也是推进改革的重要方法。协同治理就是协作沟通、同步行动、相互配合的过程。两类监督协同旨在互通情报、相互助力、闭环协作，增进监督默契，形成合力效能。应该看到，政协民主监督和党内专责监督贯通合作是大势所趋、改革方向所在，为其他各类监督进一步协同、形成整体性监督效能提供了探索和示范，具有广阔的发展空间。其中，把两类监督协同机制创新应用在营商环境领域，是一次重要的场景应用尝试。营商环境领域处于两类监督业务交叉交融的同心圆位置。随着改革深入，还会在其他领域扩展两类监督协同范围。①

从全国来看，营商环境民主协商监督与党内专责监督协同实践还处于探索

---

① 沈毅：《政协民主监督与党内专责监督协同机制构建：一个营商环境的场景应用——以大连市为例》，《辽宁省社会主义学院学报》2023 年第 1 期。

阶段，辽宁大连、湖南永州、四川宜宾、福建武平等地出台了具体文件推动协同监督工作。其中，大连作为副省级城市，探索的民主协商监督和党内专责监督协同机制具有治理能级的典型性，对于其他同类城市及更大范围推广复制具有较强示范意义。营商环境协同监督创新实践呈现以下特点。

一是高位推动。2020 年 10 月，全国政协办公厅印发了《关于推进人民政协民主监督与纪检监察机关专责监督贯通协调的若干措施》，2021 年 11 月，全国政协办公厅和驻全国政协机关纪检监察组联合召开部分全国政协委员党风廉政建设座谈会，围绕推进人民政协民主监督与纪检监察专责监督贯通协调等方面进行了深入讨论。这次会上形成的好的意见和建议有力地推动了具体实践。一方面，倡导协同监督重心向党委、政府中心工作聚焦。"党和国家的中心工作在哪里，人民政协民主监督的重心就到哪里；人民群众的意愿和期盼在哪里，人民政协民主监督的智慧和力量就汇集到哪里。"[①]另一方面，倡导协同监督方式重在优势互补。"政协民主监督与纪检监察专责监督可以通过联合监督、信息互通、资源共享、力量互借、结果共用等方式加强协作、密切配合，加强两种形式监督计划、监督方式、监督结果的对接，把柔性监督与刚性监督有机结合，增强监督实效。"此外，倡导协同监督要充分发挥政协人才荟萃作用、调动政协委员的积极性。"要充分调动政协委员参与民主监督的主动性和创造性，让人民政协的民主监督职能在联动监督中不断走深走实。"这些共识性意见为各地区出台政策提供了指南。

二是向营商环境聚焦。营商环境是深化重点领域改革内容之一，也是各地区的中心工作。从政协民主监督角度看，广大政协委员有不少直接在市场一线就业创业，反映营商环境问题已成为社情民意的主要方面，政协发挥自身职能

---

① 《打好监督"组合拳"为完善党和国家监督体系作出新贡献——部分全国政协委员党风廉政建设座谈会综述》，《人民政协报》2021 年 11 月 15 日。

助力营商环境是当前重点工作方向。从纪委监委角度看，随着反腐工作的深入，政务诚信、权力运行、干部状态等企业群众反映突出的问题成为重点整治的对象。政协和纪委监委从各自职能上，都向营商环境聚焦，这也就进一步在实践上推动了两类监督率先在营商环境上破题。重点在信用环境、司法环境、执法环境、审批环境、监管环境、中介环境、经营环境以及服务环境等方面，广泛发现问题。对部门、单位和党员领导干部不讲诚信、不守承诺，司法不公、司法腐败，选择执法、徇私枉法，审批任性、设租寻租，监管不当、干扰掣肘，违规操作、造假舞弊，幕后交易、欺瞒侵夺，状态不振、作风不良等问题，构成问题线索的，及时移送市纪委监委。在监督问题处理方法上采取分类处置原则，对属于可协商范畴的，在政协职能内解决，对属于纪委监委《专项监督清单》范畴的，移交纪委监委解决。为加强协同监督调度领导，成立市政协营商环境建设专项民主监督工作领导小组，并建立信息报送制度、工作例会制度、工作考评制度、宣传制度。

三是横向协同向纵向延伸。政协民主监督与纪委监委专责监督既是横向协同监督，也是纵向联动监督。政协、纪委监委都有纵向层级体系，相互深度协同能够形成立体化监督网络。例如，大连市政协在《关于与纪委监委协同监督营商环境建设情况的计划安排》中，就专门对两级政协联动作出部署，指出要充分发挥两级政协"学习交流、联动协商、协同履职、协调服务"等平台作用，指导区市县政协主动争取同级党委支持，与同级纪委监委加强协作配合，根据各地实际探索行之有效的监督方式。各县区主动开展工作，也形成了特色经验（见表3）。

表3　大连市部分县市区营商环境协同监督机制创新情况[①]

地区	工作机制	特色活动
中山区	建立协商会商、问题线索移送和"区政协＋区纪委监委机关＋区营商环境建设职能部门（单位）"联动机制	"无陪同体验式"调研，即通过无陪同的形式深入到群众中去、到基层中去、到实践中去，发现问题，亲身感受公共服务、营商环境、普惠制服务等民生领域问题，体验到真实情况
西岗区	向17家党政部门委派35名政协委员担任民主监督员，打造民主监督员常态化监督与营商环境专项监督相互融合、齐头并进的常专结合监督模式	组织委员开展"五个一"主题监督活动，即每名委员要开展一次无陪同随访、收集反映一条群众意见、发现一个问题、提出一个建议、参加一次问卷调查
庄河市	建立信息互通、融合联动、双向督办、协同推进机制，协同开展营商环境建设专项监督工作	选派50名政协委员担任特约监督员，向纪委监委推荐党风政风监督员，在政协委员民营企业中设立营商环境监测点，开展社情民意信息报送和组织营商环境专题视察等工作
旅顺口区	建立营商环境监督协同对接、会议和活动互参联动、问题线索直通、监督力量统筹四项工作机制	区政协和区纪委监委通过两个"结对子"，即机关处级以上领导干部与企业结对子、各界别组组长与本组委员企业结对子

---

① 大连市政协：《协同监督营商环境建设工作简报》。

守正创新，多措并举，建设近悦远来的营商环境标杆城市（大连市营商环境建设局 供图）

七、结语　创新思维方法　优化营商环境

建设近悦远来的营商环境标杆城市是中共大连市委十三届七次全会提出"六个建设"目标任务之一。2024 年大连市政府工作报告进一步提出"制定优化营商环境 5.0 版实施方案，开展营商环境问题整治，加强诚信政府和诚信社会建设"等具体任务。建设近悦远来的营商环境标杆城市是"跳出大连看大连"、当好新时代东北全面振兴"跳高队"的使命要求，反映了打造营商环境升级版的演化规律和企业群众的热切期待，具有丰富的内涵，蕴含创新思维方法的启示。

（一）建设近悦远来的营商环境标杆城市，时与势在我们一边

一是东北全面振兴建设迎来热潮。习近平总书记主持召开新时代推动东北全面振兴座谈会，擘画了新时代东北全面振兴的宏伟蓝图。国务院印发了《国务院关于进一步推动新时代东北全面振兴取得新突破若干政策措施的意见》，进一步释放了支持东北全面振兴的政策红利。当前东北成为"顶流"，冰雪热经济和独特地域文化吸引全国各地游客到东北感受城市之变。乘着近悦远来的时代东风，向前一步，顺势争先，就会实现营商环境重大突破。

二是大连"全龄友好"城市生态优势明显。大连地处北纬 39 度，三面环海，气候宜居，每年吸引很多老年人到大连旅居养老。大连正在建设儿童友好型城市、青年发展型城市，努力为年轻人提供更好宜居条件。在 00 后、90 后、95 后心目中，大连是宜居城市生活的优选地。我们要善于通过分享经济总量壮大的产业机遇、打造"教在大连、学在大连"的教育高地等，吸引企业家和各类人才在连集聚。

三是营商环境建设取得重要阶段性成果。近年来，市委、市政府始终将优化营商环境作为事关振兴发展的"一号工程"，持续优化营商环境，创立了一系列营商品牌，助推大连营商环境发生重大转变，具备了迈向标杆的基础和条件。

（二）建设近悦远来的营商环境标杆城市，既是量的标准又有质的内涵

一是标杆目标定义了一流水平"量的标准"。标杆是具有能度量、可评比的量化属性的。从营商环境评价工作实践来看，得分排名靠前的或典型做法达到一流水准的都可称作标杆。2020 年国家发展改革委对主要城市开展营商环境评价，大连是进步最快的 14 个城市之一，4 项指标获评全国标杆。在 2023 国际化营商环境创新发展论坛上，大连获评国际化营商环境标杆城市。面向未来，还要进一步向标杆目标发力，努力从局部标杆到全面标杆，促进营商环境持续优化。

二是建设标杆是达到和保持先进的动态过程。标杆一词是管理学中"标杆管理"的概念运用，就是寻找一个具体的先进榜样解剖其各个先进指标，研究它背后的成功要素，向其对标学习，发现并解决企业自身的问题，最终赶上和超越它的一个持续渐进的学习、变革和创新的过程，包括立标、对标、达标、创标四个环节。建设营商环境标杆城市也不是一个静止的目标，而是动态实践

的过程，内在要求寻找标杆、达到标杆、保持标杆的工作精神和方式方法。

三是近悦远来目标追求突出了"质的内涵"。近悦远来是使近处的人受到好处而高兴，远方的人闻风就会前来的一种发展状态，是营商环境生态宜居令人向往的表现。对于企业群众来说，营商环境更多的是一种体验和主观感受，习惯从身边事感知一座城的政通人和。营商环境标杆不仅是数据中的排名，更应该是企业群众幸福的指数。通过优化提升服务效能、解决企业群众愁盼问题、激发市场创新活力、提升法治信用水平、丰富精神文化生活等塑造一流的营商生态。

（三）建设近悦远来的营商环境标杆城市，需要不断优化方式方法

一是统筹差异与共性。在复制推广先进经验、创新推出行业指导政策、出台产业支持措施的同时，要处理好差异与共性的关系，避免粗放式管理、一刀切执行、简单化操作。比如，在传统产业和新兴产业中就有不同的发展规律和营商诉求。新兴产业的规律是"跟人走"。招引、培育、壮大新兴产业，可能不是简单地给地、给钱方式能解决的，更不是先规划园区、依靠大项目牵动就能发展的，往往需要先把从事新兴产业的关键技术队伍吸引来，才能发展起来产业。再比如，发展数字经济，不是简单靠底座资源、基础设施投入就能自动蓬勃业态，而是需要开放数字应用场景、用"放管服"改革来带动。

二是加强系统集成。现在，营商环境改革已经从单兵突破向全面优化跃升，必须解决营商环境领域改革不平衡的矛盾，把政务、市场、科技、法治、人才、民生、舆论等要素统筹起来一体推进，加强顶层设计和系统集成，用整体跃升的改革效能增强营商环境改革获得感，并带动破解体制机制顽疾。同时也要突出重点，坚持问题导向、需求导向，构建亲清政商关系，既要增强政策和服务

的针对性有效性，又要心底坦荡为企业排忧解难，让企业有更多获得感。

三是扎根向下突破。营商环境改革已经进入深水区，触及政治生态净化的关键领域。扎根向下突破就是要从办事方便向生态宜居突破、从表层效率问题向深层干事生态突破、从惠企事项内容向惠民服务领域突破。坚持良好的政治生态是最重要的营商环境，选准改革切口、层层递进、逐步解决核心矛盾，实现颠覆突破改革效果。

四是突出用户导向。营商环境好不好，企业、群众最有发言权。营商环境改革要坚持市场导向、用户导向，开展"四下基层"调研，善于向基层一线问诊问计。政策出台前开展好调查研究，政策出台过程中坚持科学论证和听取专家意见，政策实施后善于深入群众跟踪效果。坚持以企业群众满意度为标尺推进改革，树立"企业群众需要什么，就改革供给什么"的管理思维和工作方法。

五是开展协同监督。营商环境是政府与市场关系的反映，矛盾的主要方面在于能否全面正确履行职能，在于能否对权力进行有效监督和制约，避免有权任性。对权力的监督要坚持多元化原则，把各类监督机制引入到营商环境监督领域，产生强大的监督效能，引导营商环境治理从事后整治向事前预防转变。

第六章

从蓝绿清美到金山银山：建设宜居宜业宜游的国际滨海旅游目的地

文旅产业作为服务业的核心业态，关联度高、带动力强，发展空间广阔。近年来，"淄博烧烤""贵州村超""尔滨冰雪""天水麻辣烫"等特色文旅出圈，带火了一批网红城市，形成了游客流动浪潮。旅游走红的因素也在悄然发生变化，从过去的山水景色、人文景观，延伸到了烟火生活、宜居业态。

大连位处山海之间，是镶嵌在中国北方海岸上的一颗璀璨明珠。依山傍海，气候宜人，这里把青山碧海作为城市风景，将街区浪漫作为城市气质，是联合国认证的"国际宜居城市""国际花园城市"，在国内外享有很高的宜居声誉。这里有肉厚汁多的大樱桃、肥美鲜甜的虾夷扇贝；这里有记载城市印记的老建筑群，有浪漫的 city walk，还有通向大海、看得见大船的"港东五街"……这里还特有"国际范儿"，是"夏季达沃斯论坛"的常驻举办地，拥有自由贸易试验片区、中日大连地方发展合作示范区，是面向 RCEP 开放合作的前沿阵地。

面向未来，大连如何巩固和加强文旅优势？怎样顺应文旅业态和游客需求变化，打造宜居宜业宜游的融合发展高地？

一、山环海抱：建设北纬 39 度的宜居城市

北纬 39 度，一个寒暑交界的地带，一个富裕且神秘的地带。在世界地图上，沿北纬 39 度线，你会领略到塔克拉玛干沙漠、青海湖、库布奇沙漠、日本海、里海、地中海、爱琴海等美景，这里有享有"世界藻都"美誉的螺旋藻乐园，这里有优质葡萄酒和人参的原产地，这里也是世界公认的最适宜海洋生物生长的纬度。穿越富裕大都市与杳无人烟的沙漠，飞越浩瀚的海洋，当与东经 122 度相交，就诞生了天生丽质的海滨城市大连。

（一）得天独厚的地理气候环境

大连市地处欧亚大陆东岸，中国东北辽东半岛最南端，位于东经 120 度 58 分至 123 度 31 分、北纬 38 度 43 分至 40 度 10 分之间，海岸线绵长，约占到辽宁省海岸线长度的 73%，全国海岸线的 8%，东濒黄海，西临渤海，南与山东半岛隔海相望，北依辽阔的东北平原，是东北、华北、华东以及世界各地的海上门户，是重要的港口、贸易、工业、旅游城市。

大连市位于北半球的暖温带地区，具有海洋性特点的暖温带大陆性季风气候，冬无严寒，夏无酷暑，四季分明，年平均气温 10.5 摄氏度，是东北地区最温暖的地方。大连年降水量 550～950 毫米，全年日照总时数为 2500～2800 小

大连拥有得天独厚的自然禀赋（王华、吕文正　摄）

时，每年空气质量优良天数在 300 天以上，加之气温变化和缓，空气比较湿润，
空气新鲜、阳光充足，又有海滨浴场，非常适合春夏秋三季游。春夏时节，天
高云淡，海水澄澈，沙滩洁净，栈道蜿蜒，老人沿着色彩明快的海边漫道散
步，孩子们在广场空地上奔跑嬉戏，年轻人来到跨海大桥或散步赏景或拍照留
念——秋日时节，依海而建的滨海木栈道游人不断，犹如一幅优美的海天画卷，
尽情延展在星海湾畔。

"青山萦翠，碧海流云"，这是对大连自然禀赋与城市品位绝佳的评价。如果把大连比喻成一个女子，她一定是让你过目不忘、散发着独特魅力、清新脱俗的气质美女。

（二）城市精神文明建设

大连是一座用山海表达心情，用浪漫装点生活，用文明彰显文化的城市。早在 1984 年，大连便提出"建文明城市、创文明单位、争五好家庭、做文明市民"活动。1987 年至 1996 年，全市广泛实施"十年道德教育工程"。1996 年 12 月，市委印发《大连市创建国家文明城市工作方案》，提出争取率先进入国家文明城市行列。1997 年，中央 12 家新闻媒体以"走向文明的大连"为题，集中宣传大连市精神文明建设经验。1999 年，大连市被评为首批全国创建文明城市工作先进城市，2008 年、2011 年、2014 年、2017 年、2020 年、2023 年，已连续六届荣获"全国文明城市"称号。在全国省会、副省级城市中，仅有两个城市获此殊荣。

2023 年，大连再次入选全国十大宜居城市。作为集众多桂冠于一身的大连，又有着怎样的魅力呢？

大连市之所以能够连续六届摘得"全国文明城市"桂冠，依靠的是全市广大人民群众的力量。党的十八大以来，大连市始终坚持以人民为中心的发展思想，将习近平总书记关于精神文明建设的重要论述转化为推进工作实践的重要遵循，把社会主义核心价值观融入社会发展各方面，引导全体市民自觉践行。

晨光绚丽，万物初醒，大连清晨，脚步匆匆赶着上班的人们，在一个个公交车站，一位一位停下来有序地排队等候，老人、儿童优先上车；没有信号灯的斑马线前，有行人过马路时，司机们会自觉礼让；30 万人参加的国际徒步大会，沿途没留下一片纸屑；公共文化场馆、夏季达沃斯会场等地，总是活跃着

市民自觉排队乘车已经成为大连文明风景线（王华 摄）

志愿者的身影……文明，已成为 700 多万大连市民的一致行动，在 1.3 万平方千米的广袤土地上落地生根、开花结果，"文明"成为大连最为鲜明的城市标志。

夏日午后，阳光炽热，位于大连市中山区中南路的"和合大院"静谧祥和。孩子们在花坛旁悠然地骑着童车，大人们在凉亭里亲切地聊着家常。刚从外面回来的居民也不急着回家，自然地聚起来，互相打着招呼。"秋萍啊，咱大院上周举行的趣味运动会太有意思了，下次我还参加！""秋萍书记，7 月初大院的'百家宴'，我报个名哈，给咱街坊邻居露一手！"……聊着、笑着，幸福、开心荡漾在每个人脸上。"和合大院"便是大连文明楼院建设的一个小小缩影。从2018 年开始，大连市各基层政府经过不懈探索和努力，初步形成了"党委政府主导、社会多方参与、社区居民共治"的文明楼院建设的"大连模式"，实现了"改善城区品质、服务群众生活、提高文明素养"的总体目标。

和合大院的热心志愿者（杨国胜 摄）

大连市不仅是全国文明城市，而且还是国家卫生城市、国家森林城市、国家园林城市、中国国际化营商环境建设标杆城市、气象旅游发展城市、第一批全国法治政府建设示范市。2009 年"国际花园城市"全球决赛中，摘得"国际花园城市"级别组的桂冠。

大连把文明城市建设摆在关乎城市发展全局、推动城市高质量发展而大有可为的重要位置。牢固树立"人民城市人民建、人民城市为人民"的工作导向，始终把群众满意作为文明城市创建工作的衡量标准。围绕建设"两先区""三个中心"的城市发展定位，牢牢把握文明城市创建内涵，以基础设施建设、环境卫生整治、生态文明创建等方面为突破口，凝心聚力推动城市硬件和软件同步提升。

（三）城市基础设施建设

城市基础设施建设，关乎千家万户的获得感和幸福感。近年来，一件件民生实事如涓涓细流温暖民心。如今在大连的城乡走一走，城市万象更新，乡村和美富足，正在绘就宜居宜业宜游的新画卷。

"家门口新开通了537路公交车直达市内，大连至旅顺中部通道也全线通车了。现在无论是坐公交车还是自驾出行，都越来越方便快捷了。"家住大连市龙湖阳光城·云峰原著小区的居民小李说。大连至旅顺中部通道项目于2023年9月1日全线通车，大幅缩短旅顺口区到主城区的通行时间，对拉动沿线区域经济，特别是促进龙王塘、英歌石科学城开发建设具有重要意义。

大连湾海底隧道（杨国胜　摄）

　　大连湾海底隧道和光明路延伸工程于 2023 年 5 月 1 日通车，这条跨海城市交通大动脉有效破解了大连"C"形交通瓶颈，构建起大连湾南北两岸 5 分钟"便民生活圈"，有力地推动大连湾两岸一体化建设。①

　　"家里安装了 L 形扶手、地板作了防滑处理，我现在独自居家，生活无障碍，心里踏实着呢。"家住大连市西岗区白云街道的于桂芳满意地说。于桂芳的踏实，得益于大连市养老服务的惠民举措。2023 年，大连市开展居家和社区基本养老服务提升行动，聚焦失能老人居家养老实际需求，面向具有本市户籍的城市居家失能老人建设 1000 张家庭养老床位，实施居家环境智能化、适老化改造，并提供"菜单式""可定制"的日间照料、精神慰藉、助餐、助浴、助洁、助行、助医等"12＋X"项居家养老上门服务，有效提升了老年人的生活品质。

　　2023 年全年共建成口袋公园 116 个，"300 米见绿、500 米进园"的绿色生态进一步增强了城市游憩及生态服务功能。大连市 10 个地区完成 1100 万平方米老旧小区改造，惠及 15 万户居民；全市更新、修复户外健身器材 2289 件（套），惠及 278 个城乡居住小区，实现普及配置；农贸市场标准化、智慧化升级改造完成年度目标的 177.7%，城市人居环境实现品质跃升。

　　屋外冰天雪地，屋内暖意融融。"改造的是危房，温暖的是民心……"大连庄河市桂云花满族乡岭东村堡东屯村民田吉祥在宽敞明亮的新居内有感而发。2023 年，大连市实施的重点民生实事中，农村危房改造项目全部提前完工交付，涉及农村低收入群体等重点对象危房改造 316 户，128 个低收入村全部退出，239 个集体经济空壳村全部摘帽。②

----

① 《城市更宜居　生活更幸福》，《辽宁日报》2024 年 1 月 25 日。
② 同上。

二、蓝绿清美：打造生态"高颜值"

　　党的二十大报告指出，必须牢固树立绿水青山就是金山银山的理念，站在人与自然和谐共生的高度谋划发展。环境就是民生，青山就是美丽，蓝天就是幸福。"要集中攻克老百姓身边的突出生态环境问题"，"持续打好蓝天、碧水、净土保卫战"，"还老百姓蓝天白云、繁星闪烁"，"还给老百姓清水绿岸、鱼翔浅底的景象"，"为老百姓留住鸟语花香田园风光"……习近平总书记的真情话语，就是大连人民对生态环境的真挚追求。大连市立足山海优势、地域特色，扎实推进生态文明建设，加快统筹山水林田湖草治理，守好蓝天、碧水、净土，打造大连生态"高颜值"。

　　2022 年 8 月，习近平总书记在辽宁考察时强调，生态文明建设能够明显提升老百姓获得感，老百姓体会也最深刻。要坚持治山、治水、治城一体推进，科学合理规划城市的生产空间、生活空间、生态空间，多为老百姓建设休闲、健身、娱乐的公共场所。大连市全面贯彻习近平总书记的重要讲话精神，牢固树立和践行绿水青山就是金山银山理念，坚定不移走生态优先、绿色低碳的高质量发展之路，集全市之力，绘制一幅山海连城，人与自然和谐共生的美丽画卷。

（一）城市环境治理

"其实那里并不远，这里的空气有点甜！"这是大连空气质量优良的生动写照和有力鉴证。党的十八大以来，大连市针对影响环境空气质量的首要污染因子 $PM_{2.5}$ 和臭氧，全面实施"三调整"（能源、产业、交通结构）、"六攻坚"（燃煤锅炉、非道路移动源、挥发性有机物、扬尘、面源污染、重污染天气），持续改善环境空气质量。在大气治理方面，开展了扬尘污染专项整治"清风行动"、臭氧污染防治"清爽行动"、秋冬季大气管控"清洁行动"。大连市区空气质量呈整体改善趋势，空气质量优良天数由 2013 年的 290 天提升到 2023 年的 319天，2017 年以来连续 6 年优良天数超过 300 天，特别是 2022 年优良天数 338 天，$PM_{2.5}$ 达 24 微克／米 ^{3}，空气质量综合指数在全国 168 个重点城市中排名第二十，在全国 19 个副省级以上城市中排名第四，创历史最好纪录。2023 年大连庄河市因空气质量清新度指标、自然环境优势度指标和综合口碑好评度指标均高于全国水平，入选"美丽中国·深呼吸小城"。

"复州河的水越来越清了，岸边也越来越美了，我每天都想来河边散散步，呼吸新鲜空气。"站在复州河畔，瓦房店市复州城镇东瓦村居民不禁感叹，昔日的臭水沟化身成今日的"绿色长廊"，生活在这里越来越觉得幸福惬意。

近年来，大连市突出"三水"（水资源、水环境、水生态）统筹、陆海统筹，开展河流污染治理、黑臭水体治理、渤海黄海（大连段）综合治理攻坚战，2018 年以来连续 3 年开展水源地环境保护专项行动，加强排污口"查、测、溯、治、管"，实现智慧化实时监控，深入打好碧水保卫战。

开展农村面源、河道垃圾、重点排污单位和农村人居环境整治四大专项行动，集中力量开展复州河总氮削减系统治理，推进实施复州河流域 10 个总氮削减项目，截污能力得到全力提升。2023 年复州河总氮入海通量较 2020 年同期减排 601 吨，减排比例达 27%。复州河水质综合指数同比改善 10.2%，复州湾近岸海域水质稳定达到一类海水水质标准，无机氮同比下降 44.3%。大连市 6 条主要河流水质持续好转，2019 年以来，全面消除劣 V 类国考断面，国考河流断面优良水质比例由 2016 年的 57.1% 上升至 2022 年的 92.3%。2021 年，水环境质量改善幅度在全国 335 个城市中排名第 33 位，首次跻身前 10% 行列。大连市 14 处集中式生活饮用水水源水质状况总体保持稳定，水质达标率始终保持 100%。复州河的变化，见证着大连治山、治水、治城一体推进，高标准打赢污染防治攻坚战的决心和毅力。①

在深入打好碧水保卫战的同时，大连深入打好土壤污染治理和农业农村污染治理攻坚战。健全土壤环境监管体系，出台《大连市建设用地土壤污染风险管控和修复管理实施细则》等程序性文件。134 家企业纳入土壤污染重点监管单位。在东北率先实施"土壤修复 + 开发建设"模式。启动地下水污染防治重点区划定，开展 5 个生活垃圾填埋场和危险废物处置场地下水调查。深化农村污染治理攻坚，创建省级美丽宜居村 161 个，新建农村生活污水集中收集处理设施 12 个，新增农村生活污水资源化治理行政村 78 个，完成新增农村黑臭水体整治 94 处，全市农村生活污水治理率达到 70.5%。

如今，蓝天常驻、绿水长清、青山萦翠、碧海流云成为大连最鲜明的生态底色。截至 2023 年，大连空气质量优良天数已连续 6 年收获超过 300 个蓝天；13 个国考河流断面水质优良比例达到 100%，14 处县级及以上集中式饮用水水源地水质优良比例达到 100%。全市近岸海域优良水质比例为 99.1%，45 条入海河流水质达标率 100%，达到历史最好水平；重点建设用地安全利用率、危险废物处置利用率 100%。城市生活垃圾无害化处理率达到 100%。

---

① 《减污降碳　绿色发展　"美丽大连"天更蓝　山更绿　水更清》，《大连日报》2023 年 12 月 25 日。

（二）保护城市生物多样性

2020 年 9 月，习近平主席在联合国生物多样性峰会上的讲话中指出："生物多样性关系人类福祉，是人类赖以生存和发展的重要基础。"加强生物多样性保护是中国生态文明建设的重要内容。近些年，大连市以习近平生态文明思想为指导，不断加强生态环境保护和修复，着力打造人与自然和谐共生的生态场景，推进生态宜居城市建设。

良好的生态系统带来生物种群不断增多。在"汪洋万顷青于靛，小屿珊瑚列画屏"的庄河市王家镇，九座疏密相间的岛屿点缀于碧波之中，山海风光秀美迷人。这里历来是渔猎耕耘，避风晒网之地，也是黑脸琵鹭栖息繁衍的地方。

黑脸琵鹭是全球濒危珍稀鸟类，被誉为"鸟中大熊猫"，被列为国家一级保护野生动物。黑脸琵鹭对环境要求极为苛刻，是生态环境的指示性物种。

每年 3—5 月，黑脸琵鹭从主要越冬地台南市的曾文溪口，飞抵大连庄河市觅食、繁殖。黑脸琵鹭在大连市"鸟丁兴旺"，2023 年庄河种群达到 420 余只，比去年增加 50 余只；2022 年 6 月，长海县广鹿岛镇格仙岛头砣子首次发现黑脸琵鹭落户，成为该物种中国大陆地区继庄河市之后第二个繁殖栖息地。长海县——黑脸琵鹭的"育婴堂"2023 年又有"新生儿"，成鸟、幼鸟总数有望超过 20 只。黑脸琵鹭已成为大连一张亮丽的生态名片。

大连市政府维护生物多样性和生物安全，持续开展"绿盾"自然保护地强化监督专项行动，2006 年大连市在黑脸琵鹭繁殖地成立黑脸琵鹭市级自然保护区，采取生态环境保护、抵前登岛检查、更换护栏围网、增设警示牌等保护措施，生态环境质量持续提升。2022 年还有 1200 多只国家一级保护动物黄嘴白鹭来到大连长海繁衍栖息，创历年之最。大连市蛇岛—老铁山候鸟栖息地成功列入《世界自然遗产名录》。这是大连市乃至东北地区首项世界自然遗产。

　　自然保护区是生态系统的天然本底，在涵养水源、保持水土、改善环境和保持生态平衡等方面发挥重要作用。大连市复州湾长兴岛冰面宽阔，结冰时间长，自然条件优越，鱼虾十分丰富，是斑海豹繁衍生息的天然港湾。每年12月，位于大连复州湾长兴岛附近的大连斑海豹国家级自然保护区都会迎来一批特殊"客人"，这也是斑海豹在西太平洋最南端的一个繁殖区。斑海豹主要分布于白令海、鄂霍次克海、日本海及我国的渤海、黄海等海域。每年11月斑海豹成群结队向中国渤海长途迁游，翌年2—3月到达中国渤海北部沿海冰面生儿育女。

市区山林中的野生梅花鹿（张玮炜　摄）

大连市对斑海豹呵护有加。在斑海豹繁育期内，保护区内设有斑海豹观察站和治疗站，大连海域已成为斑海豹理想的繁殖区。近年来，大连海域斑海豹数量不断提升，2021 年增长到 2000 头左右。

走出生态保护区，来到喧闹的城市，可望山听海，亦可"鹿"野寻踪。大连滨海路一带植被茂盛、环境优美，常年有野生梅花鹿种群在这里活动，这些可爱的梅花鹿久居大连，与附近的居民已经成为"老邻居"，东起棒棰岛、西至莲花山的南部滨海沿线，轻灵可爱的梅花鹿群时而出没，吸引了众多市民和游客前来，近距离与梅花鹿进行互动……

绿水青山间，野生动物生机勃勃，人与动物和谐共生，这背后，是大连市保护生物多样性，加强生态环境保护和修复，落实"绿水青山就是金山银山"的生动实践。

三、生态农业："点绿成金"物美大连

习近平总书记强调："推进中国式现代化，必须全面推进乡村振兴，解决好城乡区域发展不平衡问题。"[①]近年来，大连市认真贯彻落实党中央关于推进乡村全面振兴的工作部署，发展新产业新业态，推进农业一、二、三产业融合发展。

（一）由"空壳村"到"富裕村"的蝶变

位于大连市金普新区三十里堡街道的三道湾村，如今是远近闻名的"富裕村"。三道湾村原本是个传统农业村，村民不富裕，村集体更是一穷二白，由于青壮年都外出打工，只剩下老人和儿童，成了名副其实的"空壳村"。2010年，村两委下定决心改变落后面貌，注册成立了大连金港湾果菜专业合作社。

党的十八大以来，习近平总书记十分重视并鼓励农民专业合作社的发展，指出"农民专业合作社是市场经济条件下发展适度规模经营、发展现代农业的有效组织形式"[②]。三道湾村更坚定了以合作社带动村民增收致富的决心和信心。[③]

---

① 《坚定不移全面深化改革扩大高水平对外开放 在推进中国式现代化建设中走在前列》，《人民日报》2023年4月14日。
② 习近平：《论"三农"工作》，中央文献出版社2022年版，第48页。
③ 《花果香飘致富路》，东北新闻网，http://liaoning.nen.com.cn/network/liaoningnews/zymtkln/2023/05/31/518243262683682698.shtml。

三道湾村在基层党组织的带领下，以"三变"改革为契机，以"党支部＋村集体＋合作社＋企业＋农户"合作模式为核心，以休闲农业和乡村旅游为抓手，带动村集体经济发展，实现百姓富、村庄美。现村民年均收入 6 万元，村集体总经济收入达 170 余万元。

自 2017 年至今，三道湾村已摘得"辽宁省高效生态农业发展示范基地""辽宁省消费者满意单位""辽宁省省级农民专业合作社示范社""辽宁省乡村旅游重点村""大连乡村旅游最美目的地"等多项荣誉称号，在 2022 年更是获得"全国农民专业合作社 500 强"第一名、"全国首批共享农民田间学校"、"全国第四批新型农业经营主体典型案例"等重量级荣誉。

三道湾村的发展，让我们看到了中国式现代化乡村振兴的缩影。三道湾村

三道湾村新貌（三道湾村党支部 供图）

如何实现由"空壳村"到"富裕村"的蝶变，还要从三道湾村的三道致富经说起。

"给钱给物，不如给个好支部"，这是三道湾村着力念好的第一道经。可以说，坚强有力的党组织领导，是引领三道湾村发展的决定性因素。习近平总书记指出："搞好农村基层班子建设，充分发挥它的职能作用，是搞好农村各项工作的保证。"①2010 年，新一任村两委班子上任后，确定了以种植大樱桃发展经济的思路，在时任村书记的带领下，两委成员每人出资 10 万元，共计 70 万元，于 2010 年 5 月注册成立了大连金港湾果菜专业合作社。从成立专业合作社开始，三道湾村两委通过改革探索，走出了一条村集体以土地入股、村民以资金入股合作社，也就是"党支部＋村集体＋合作社＋企业＋农户"的发展模式，促进了集体增收、农民致富、农村繁荣，走出了一条乡村振兴、共同富裕之路。

"产业兴带动乡村兴"，这是三道湾村着力念好的第二道经。习近平总书记指出："产业振兴是乡村振兴的重中之重，也是实际工作的切入点。"②村两委立足禀赋优势，依托特色资源，将特色产业与乡村旅游相结合，建成了水云涧生态旅游度假景区，以温泉水乐园为核心，向上延伸水果采摘、大东山风景观光，向下延伸农家乐和特色农产品销售产业链，推动一、二、三产业融合发展，让"新农民"挑着"金扁担"快步转型，实现了乡村产业增效益、村民增收有活力。

"科技兴农，田舍生金"，这是三道湾村着力念好的第三道经。习近平总书记指出，"建设农业强国，利器在科技，关键靠改革"③，强调"要注重学习科学技术，用知识托起乡村振兴"④。近年来，三道湾村加强与中国农科院、辽宁果树所等科研单位的合作，共同打造新一代可视化数字农业平台，建成国内首个拥

---

① 《习近平总书记"三农"思想在正定的形成与实践》，《人民日报》2018 年 1 月 18 日。
② 《为乡村振兴注入人才活水》，《人民日报》2024 年 6 月 20 日。
③ 《加快建设农业强国　推进农业农村现代化》，《人民日报》2023 年 3 月 16 日。
④ 《解放思想　深化改革　凝心聚力　担当实干　建设新时代中国特色社会主义壮美广西》，《人民日报》2021 年 4 月 28 日。

有"乡村振兴"前瞻性算力基础设施的超算中心，通过先进的技术平台，助力村经济高效发展。特别是村集体壮大后，三道湾村投入资金建设基础设施、改善环境及文化建设，真正把发展成果惠及民生，让村民们收获了满满的幸福感。

大连地处北纬 39 度黄金地带，依山傍海，四季分明，气候温和，昼夜温差大，为大樱桃产业发展提供了得天独厚的先决条件。每年 6 月，是大连樱桃成熟的季节。"紫红灯、红美早，一颗佳红醉心中……"既说出了大连樱桃种类的丰富，也道出了大连樱桃鲜红欲滴、口感醇厚、甜美多汁的特点。

提到大樱桃，大连人就会条件反射地流露出一种自豪感。从 1973 年到 2023 年，大连大樱桃用整整 50 年的长途跋涉，以蜜甜、以甘甜、以脆甜、以酸甜、以香甜……不断拓展着一颗大樱桃所能创造的"甜野"。

（二）樱桃红了"致富路"

素有"中国最美大樱桃之乡""中国大樱桃全产业链第一镇"的金普新区七顶山街道老虎山村正是依靠大樱桃所能创造的"甜野"，带着村民走上了致富路。每年的 6—7 月是这里最美的季节，漫山遍野玛瑙般的大樱桃晶莹剔透，挂满枝头，映红了农民们幸福的笑脸。

可在 30 多年前，这里还是丘陵起伏、土地瘠薄干旱缺水的沿海农业乡镇，农民大多以粮食生产和海上捕捞为生。由于受自然条件的制约，粮食产量一直在低水平徘徊，渔业资源日益枯竭，农民收入也随之连年下滑，七顶山街道也成了全区有名的贫困乡镇。

穷则思变。为改变贫困落后面貌，七顶山街道深入调查研究，多次邀请专家对本地的地理位置、自然禀赋进行科学考察论证。专家一致认为，七顶山街道地处北纬 39 度的北半球中纬度地带，属海洋特征的大陆季风气候，冬无严寒，夏无酷暑，四季分明，昼夜温差大，地下水资源丰富，多丘陵，黏性土壤，适合发展特色农业，特别是发展大樱桃种植业。从 20 世纪 90 年代开始，一场轰轰烈烈的大樱桃产业发展战役在七顶山这块沉寂多年的土地上正式打响。

村两委班子成员和党员骨干先种先试，成立了以党员为主体的水果专业合作社，带领村民一起干，老虎山村大樱桃种植业从无到有，生产规模由小到大，围绕大樱桃种植，打造了"产、供、销"一条龙的全产业链条。特别是 2010 年以来，老虎山村大力加强农业基础设施建设，不断优化生产条件，推动大樱桃生产规模迅速扩大。到 2018 年实现了符合条件地块上大樱桃应栽尽栽，总面积达 3.6 万亩，占全街道耕地面积的 80%，早、中、晚熟品种达 41 个，采用温室、冷棚、露地三种生产方式无缝衔接，从每年 3—7 月大樱桃持续上市时间长达 5 个月。七顶山街道由一个贫困的沿海农村地区华丽转身成为远近闻名的大樱桃之乡、富裕之乡。2023 年七顶山街道大樱桃总产量达 3.3 万吨，总收入达 11.5 亿元。仅此一项，农民人均可支配收入就达 5 万元；最高的村达 9 万元，被专家称为"全国大樱桃第一村"。2023 年，金普新区实施大樱桃国家现代农业全产业链标准化示范基地创建，完成大樱桃全产业链标准制定、发布和推广。

在完成大樱桃规模化生产的基础上，七顶山街道适时引导果农由增产导向转向提质导向，依靠品质实现大樱桃高质量发展，实现更高的经济效益和社会效益。

为让大樱桃主导产业在强村富民中发挥更大的作用，2015 年，七顶山街道在大樱桃生产规模最大的老虎山村兴建了占地 7 万平方米，东北地区规模最大、设施最新、功能最全的大樱桃交易市场，打造了以实体交易市场为龙头、以互联网和物流快递为两翼的立体大樱桃销售网络，确保每年生产的 3 万多吨大樱桃优质优价，应销尽销。

很多果农运用互联网销售大樱桃，线上接单，线下发货，随熟随采，依托快递，将本地大樱桃源源不断地销往全国 300 多个城市，并打进港澳和东南亚高端市场。

几十年来，大连大樱桃积攒了众多令人骄傲的履历，如今大连大樱桃年产值已超过百亿元。1991年，樱桃新品种"红灯"获国家科技进步奖三等奖。2018年，大连大樱桃获得国家农产品地理标志认证和全国农产品区域公用品牌。大连被中国园艺学会樱桃分会授予全国首家"中国优质大樱桃示范区"称号。2019年，大连大樱桃入围中国农业品牌目录。大连甜樱桃系列新品种选育与高效栽培技术应用与推广获全国农牧渔业丰收奖一等奖。2022年，大连大樱桃入围首批国家农业品牌精品培育计划，以品牌价值99.57亿元入选"地理标志农产品区域品牌百强"榜单。大连人已经从大樱桃上建立了一个城市的自信。

四、特色文旅：遇见大连，心动无限

大连是中国首批优秀旅游城市，素有"浪漫大连"之称，海是大连旅游的精神和灵魂。大连因海而生，绵延 2211 千米的海岸线上，迷人的风景勾勒出滨城曼妙的身姿；大连向海而兴，澎湃 3.01 万平方千米的海浪中，绘制出向海图强的美丽画卷。

（一）海上游大连，浪漫山海间

2022 年 1 月，国务院印发文件连续两次提及"大连旅游"，彰显了国家对大连滨海旅游产业发展的高度重视与关注。《"十四五"旅游业发展规划》提出，应有序推进邮轮旅游基础设施建设，推进上海、天津、深圳、青岛、大连、厦门、福州等地邮轮旅游发展；推动游艇消费大众化发展，支持大连、青岛、威海、珠海、厦门、三亚等滨海城市创新游艇业发展，建设一批适合大众消费的游艇示范项目。

为贯彻习近平总书记对旅游工作的重要指示精神，贯彻落实全国旅游发展大会精神，落实辽宁省委"以大连为龙头深入推进辽宁沿海经济带开发开放"工作任务和 2024 辽宁省高品质文体旅融合发展大会要求，建设世界级海湾名城，打造具有国际知名度的大连旅游和消费品牌，大连市以近岸观光游和海岛度假游为主，按照"一核引领，两带联动，多片区差异化发展"的总体建设布局，将大连市海洋旅游资源进行深度整合、整体升级，围绕"海岸—海湾—海岛"统筹陆海、联动湾港，打造了"海上游大连"项目。

2023 年 4 月 18 日大连老虎滩码头的一声鸣笛，按下了"海上游大连"项目的启动键。"海上游大连"深度整合分散式海洋旅游资源，打通海陆港湾间桎梏，衔接各旅游片区亮点资源，创新推出的海上观光和景区游玩联动模式，开通了老虎滩—棒棰岛、海之梦帆船体验、广鹿岛环岛游、开世游轮港—塔河湾湾区—旅顺口塔河湾港、金石滩黄金海岸湾区游等 20 多条航线，共有 133 艘大小游船投入运营。

《0411 之光：你好，亲爱的大连》无人机表演（王华 摄）

在一望无际的大海上，迎着海风，与大海紧紧相拥，与海鸥和浪花作伴，市民和游客既能体验到山海城浑然一体的近岸观光游，同时也能体验到悠闲别致的海岛度假游，让游客真正体验到大海的浪漫气息，人与自然的互动和谐，在自然之美中感悟文化之美、陶冶心灵之美。

（二）"十里黄金海岸"——大连金石滩国家旅游度假区

金石滩位于大连东北端的黄海之滨，是浪漫之都大连的后花园。这里三面环海，冬暖夏凉，气候宜人，自然生态环境得天独厚，海岸线绵延 30 多千米，十里黄金海岸沙软滩平，水质清澈，是中国十五大健康型海水浴场之一，日最高接待量逾 10 万人次，成为一年一度国际沙滩文化节和国际冬泳节的举办地。

这里浓缩了距今 6 亿至 3 亿年的地质奇观，形成了被称为"东方神力雕塑"的海蚀岸、海蚀洞、海蚀柱等奇观。滨海国家地质公园位于金石滩园区东部海岸线，是目前全国唯一的海岸带国家地质公园。这里有世界现存的体积最大、保留最完整、断面结构显露最清晰的沉积岩标本，被誉为"天下第一奇石"的干裂构造岩石——龟背石。

金石滩现已成为人们避暑消夏的首选之地。凉爽宜人的气候、可口诱人的海鲜、绮丽迷人的海岸、优质完备的设施、风格各异的建筑、神秘古老的奇石、独具特色的展馆、疯狂刺激的活动，以及全国规模最大的国际化的主题公园，吸引了上百万的海内外宾客来此游玩。大连国际沙滩文化节、国际冬泳节、葡萄游园会等缤纷多彩的主题庆典给金石滩增添了新鲜活力与无穷魅力。

金石滩国家旅游度假区是 1992 年国务院批准设立的综合性旅游度假区，是国家级重点风景名胜区、国家 AAAAA 级旅游景区。作为辽宁省旅游主体功能区、大连旅游"金字招牌"，金石滩度假区勇于担当、实干笃行，高标定位、蝶变进位，在不断深化改革与发展中完成中国式现代化的旅游业职责和使命。

金石滩度假区深入贯彻落实习近平总书记关于文化旅游工作的重要指示和党的二十大精神，以海为根、以文为魂，对标国内外一流旅游名城，厚植资源优势，做强特色品牌，创新消费业态，在更广范围、更深层次、更高水平上推动文旅深度融合，激发新动能、形成新优势，让"诗"和"远方"在共创美好生活中"融"得自然、"合"得协调。

金石滩度假区先后获评中国国家旅游最佳休闲旅游目的地、第三届世界会长大会组委会推荐 2023 年首选十大旅游目的地、中国绿色旅游目的地创新发展案例、国家级文明旅游示范单位等殊荣。2023 年，接待游客 907.1 万人次，比 2019 年增长 58.3%；实现旅游综合收入 48.16 亿元，比 2019 年增长 86.7%。中国移动大数据显示，到金石滩打卡已成为很多外地游客来连旅游的主要驱动力。

（三）活化工业遗产，传承工业文化

2023 年 10 月，文化和旅游部公布 2023 国家工业旅游示范基地名单，确定

"熊洞街"——大连文旅新亮点（王华 摄）

全国 69 家单位为国家工业旅游示范基地，大连市冰山慧谷工业旅游区成功入选。其实，在大连，有很多像冰山慧谷这样烙着工业印记的老厂区、厂房、车间等正在被重新赋予新的旅游价值，它们形成了一道道独特的工业风景线，成为大连城市发展的鲜活教材，让人们看到了城市精神的传承、城市文明的进程，更让人们看到了大批产业工人的工匠精神。

斗转星移，沧桑巨变，曾经承载着城市百年发展记忆的大连冰山集团老厂区经过改造后，成为城市工业文化遗产的一张名片。如今，占地面积 18 万平方米的大连市冰山慧谷工业旅游区，每一栋工业建筑都被赋予了新的功能与生命，玩创、生活、美学等文化符号已成为冰山慧谷赋予大连新生代文旅融合的新亮点。每逢周末，很多大连人都会到这里逛小店、喝咖啡、拍照片，再与巨熊"北北"来个亲密接触……冰山慧谷工业旅游区于 2018 年开园，园区内有包括"1930·冰山工业文化展览馆"、熊洞街、匠人街、冰熊冰上运动中心、探索星河中心以及零重力蹦床等在内的多种类型的娱乐项目，随着越来越多的年轻人前来打卡，曾经的"冰山"老厂也"火"出了新天地。目前园区已入驻富士、华润、瑞幸、星巴克、罗森等 750 家知名企业，旅游旺季园区日均人流量达 1.2 万人次。

甘井子区椒金山街道金二街，一条只有几百米长的小街，却装着大连工业百年的历史。它有一个好听的名字——漫街。漫步街上，老楼、壁画、街景、文创园都在诉说着"钢铁故里"的一个个故事、一段段历史。

椒金山地区是大连钢厂的孕育之地，百年的工业文化和工匠精神在此沉淀、传承。椒金山金家街区域原来是大钢、大化的家属楼。漫街上的 7 栋苏式建筑建于 1950 年前后，算得上是大连最早的"筒子楼"了，被认定为"大连市历史建筑——金家街苏联式建筑群"。

2019 年，椒金山街道进行老城区改造，深入挖掘辖区大钢、大化文化内涵并注入新的设计元素，打造金二街为"钢铁故里"一条街，通过一个个特殊意义的人文景观，让人们走进那段记忆里的流金岁月，把"老街道、老设施、老楼房"打造成记录城市工业发展的新"标签"。

（四）city walk——开启与城市的"深度对话"

清爽的夏日，大连的街头，你会邂逅直通大海的"港东五街"的浪漫，你会邂逅俄罗斯街的异域风情，你会邂逅百年老街的厚重，你也会邂逅南山风情街的境景交融……来一场悠闲的 city walk，感受大连这座城市的浪漫吧！

在东港商务区，有一条通向大海，可以看到大船的港东五街，碧海蓝天作底，高楼耸立作框，经过的大船和等候的人们为魂，构成了一幅立体唯美浪漫的都市景观。很多年轻人不远千里来到这条"大连最美街"打个卡、拍拍照。沿着港东五街向前，东方威尼斯水城带你感受"意大利风情"，转身向后，悠见南山文化旅游休闲街区让你感受到这座城市的历史文化底蕴和人文风情。

悠见南山文化旅游休闲街区是大连最早开发的地区。作为历史文化风貌区，它曾是大连众多近现代名人的居住地——著名文学家茅盾、台湾地区爱国人士孟天成、理工大学钱令希院士以及众多名人曾在南山一带居住或下榻。

悠见南山街区整体以中西合璧的历史文化建筑的艺术精髓为基础，共有文物建筑、传统风貌建筑、历史公园等超过 100 处，街道结合城市本土的历史文化底蕴和人文风情，进行修复保护，很多当年的建筑依然保存完好，突出自然风光与人文魅力的绿色协调发展，可谓一步一景，四季不同，春游南山大叶蔷薇、夏游南山避暑纳凉、秋游南山银杏大道、冬游南山煮酒赏雪，是难得的摄影爱好者和婚礼户外写真首选之地。

近些年，悠见南山街区进行了深度开发，咖啡馆、茶馆与酒吧、书院与展馆、餐饮与住宿、健身与美容，多元化的业态布局将商业消费行为上升为文化休闲体验，山水美景相融于街区，都市的忙碌在此得以释放。

饮一杯咖啡，捧一本书，静谧的午后，连阳光都开始变得文艺起来了。生一炉烟火，围一方天地，三两好友团团坐，轻煮岁月慢煮茶，静享生活恬然。

东关街位于大连市西岗区日新街道辖区，地处城市核心区位，周围交通线网四通八达，20世纪初，一批批"闯关东"的移民，在这里聚集，开设了商铺、饭馆、市场、照相馆、理发社等，店铺林立，商贾云集，用勤劳和智慧将这里打造成当时大连最繁华的区域之一。

这里记载了很多大连第一，大连第一个商业市场，第一条柏油马路、第一家慈善机构、第一家照相馆……至今，区域内有许多原有老建筑遗存下来，基本保留了老大连传统市井商业区的肌理，其内部现存大量欧式和中式建筑符号的建筑艺术代表，具有稀缺性和不可替代性。可以说，这里是大连的城市起点之一，是大连城市规划建设的"活化石"，是大连民族工商业的发源地，是大连红色文化的起源地。

如今，这里依旧是城市繁华中心，百年复古有轨电车穿梭而过，代表了一种文化符号和别样的城市风景线。2020年2月7日，东关街历史文化街区正式被辽宁省人民政府公布为省级历史文化街区。为了响应国家对历史文化街区保护与利用的要求，2023年，大连市政府推进东关街历史文化街区改造，对东关街历史文化街区进行活力要素植入，激活街区功能，还原社会生活，复兴城市文脉；保护历史文物及空间环境要素以及街区格局肌理，让百年老街以崭新的姿态为城区发展赋能添彩。

五、全龄友好城：宜居宜业宜游

（一）建设儿童友好城市

儿童是城市的未来和希望，青年是推动城市建设与发展的主力军，老年是曾经的城市建设者，他们都是城市温度的见证者和传递者。大连在高质量发展中，始终不忘以更加包容的姿态、全龄友好的视角推动城市关注儿童、关注青年发展、关注老年人等弱势群体的需求供给，努力打造老有所养、幼有所育、壮有所用的和谐社会。一项项民生举措让老年人获得满满的幸福，让孩子获得暖暖的关爱，同时也激励着更多的青年不忧年老，安心扎根大连，积极奉献大连。

2021 年国家发展改革委等部门发布《关于推进儿童友好城市建设的指导意见》，为各地在儿童友好城市建设方面提供了政策和制度支持。大连市儿童人口数量众多，根据第七次全国人口普查，大连市 0～14 岁人口 86.79 万人，占全市总人口的 11.65%，略高于辽宁省的 11.12%。

大连市政府高度重视儿童友好城市的工作，出台了一系列相关文件和政策。2021 年出台的《大连市国民经济和社会发展第十四个五年规划和二〇三五年远景目标纲要》把建设儿童友好城市提上日程。2022 年，大连市政府印发《大连市儿童发展规划（2021—2030 年）》，明确提出要推动儿童友好城市建设，着力从提供托幼一体化服务、打造儿童成长空间、保障儿童权利等方面发力。

"生孩子容易，养孩子难"，夫妻都要工作，生了孩子由谁来带？这也是当前影响年轻人生育观念转变的重要原因。婴幼儿抚育、成长，关乎孩子未来的健康成长，同时也关乎青年人是否可以安心投入工作。这是广大双职工家庭在抚育儿童过程中遇到的第一大难题。

党的二十大报告提出，优化人口发展战略，建立生育支持政策体系，降低生育、养育、教育成本。使"幼有所育"政策更加具体化。2021年6月《中共中央　国务院关于优化生育政策促进人口长期均衡发展的决定》中明确要求大力发展多种形式的普惠托育服务。

2021年9月，大连市出台了《鼓励和支持"托幼一体化"模式促进托育服务发展的具体举措》，全面推进普惠托育服务。2023年全市普惠制幼儿园在园幼儿比例达89.2%。2021年，金普新区将托育工作作为青年发展型城市的重要举措，在全市率先启动了托幼一体化工作。设3所托幼一体化试点幼儿园，共有托育班级7个，托位110余个，累计为200余名0~3岁婴幼儿提供了专业、规范、科学的生活照料、安全看护、平衡膳食和早期学习等服务，受到了家长和社会的广泛好评。此外，全区302所幼儿园中已有219所以托育班或混龄方式招收3岁以下婴幼儿共约4500人。[①]

政府在房租减免、资金投入、政策关爱等方面为托育机构提供坚实的保障。近两年，"托幼一体化"工作逐步在其他区市县推行。这一项暖心举措，减轻了双职工家庭抚育幼儿的负担，解决了无数家庭的"后顾之忧"。

为了能够让孩子在城市中自由奔跑、快乐玩耍、安静思考，托起全年龄段儿童在城市生活的"微幸福"，大连市秉承"从一米高度看城市"的理念，打造儿童友好型公共空间，建设更多的儿童友好公园、儿童游乐场地，儿童研学

---

① 《金普新区推动儿童友好城市建设的调研报告》。

基地、儿童种植体验区，让儿童看到的不再是匆匆行走的腿、随风起落的衣角，而是属于儿童自己的世界。

2022 年，大连市正式出台了《大连市儿童发展规划（2021—2030 年）》，该文件涵盖儿童健康、教育、福利、安全、环境、法律保护等儿童发展领域的目标任务。不落下每一个孩子，为孤儿、残障儿童、困境儿童等特殊群体提供全方位保障；从均匀分布教育资源到搭建儿童专属空间，该文件为儿童成长撑起了一把坚固的保护伞。从设想到行动，大连市正在不断搭建平台，为儿童提供良好的成长条件、环境与服务，保障少年儿童的生存权、发展权、参与权，织密儿童成长保护网。

（二）建设青年友好城市

党的二十大报告中，习近平总书记寄语青年："青年强，则国家强。"青年是推动社会发展进步的生力军。城市的发展，离不开青年，青年群体是城市发展最具生机与活力的力量，是城市发展繁荣和竞争力的源泉。2022 年，国家多部委联合印发《关于开展青年发展型城市建设试点的意见》，建设青年友好城市是当前城市高质量发展的重要抓手，也是新一轮城市竞争的新兴角力场。

大连市委、市政府高度重视青年发展工作，将"促进青年更好成长、更快发展"内容纳入《大连市国民经济和社会发展第十四个五年规划和二〇三五年远景目标纲要》。2021 年发布东北地区首个青年发展"十四五"规划——《大连市青年发展"十四五"规划》，突出青年优先发展理念，从青年思想、青年活力、青年竞争力和青年保障四个方面提出青年发展措施。2022 年，大连市金普新区成功入选全国青年发展型县域试点，长海县入选辽宁省青年发展型县域试点。借着建设青年友好型城市的政策春风，大连市从广大青年所需所想所急所盼出发，切实解决青年人的宜业宜居问题。

青年友好，活力大连（王华　摄）

　　大连市委、市政府深入贯彻落实习近平总书记在新时代推动东北全面振兴座谈会上的重要讲话精神，高度重视高校毕业生等青年人才工作。一是充分发挥好政策效能，促进高校毕业生就业。释放促进高校毕业生就业创业"30条新政"红利，为毕业生在连就业提供生活保障。抓好一次性购房补贴、困难毕业生社保补贴等政策落实，鼓励引导在连高校毕业生留连就业。实施青年就业见习计划，积极创建国家级、省级青年就业见习示范基地。二是实施人才精准服务，持续优化人才生态。将就业服务精准前移，把一系列就业服务送到毕业生身边。三是搭建引才留才平台，实现人才集聚效应。聚焦"5＋4＋3＋1"现代产业体系，提前深入调研分析学子的就业需求，搭建精准对接平台，打造引才聚才"强磁场"。为毕业生提供政策解读、就业指导、待遇申领、住房预约、户籍办理、创业孵化等"一对一"精准服务，形成吸引青年学子留连来连长效机制。

大连市修订出台《大连市公共租赁住房管理办法》《大连市政策性住房配建管理办法》，明确并扩大青年住房保障范围，构建以租赁补贴为主、实物配租为辅的住房保障供应体系。确保青年人才安居保障，出台《大连市青年驿站项目实施方案（试行）》等，打造功能齐全的"榴莲青年驿站"，为来连求职青年提供"就业指导""城市融入"等一站式、多元化服务。服务青年多元品质化生活需求，团市委为来连青年免费发放"连青卡"，提供租房、购物、餐饮等专属优惠。举办大连国际马拉松等各类青年喜爱的文化体育赛事。青年元素融入城市建设，创建青年场景。建设城市书房、非遗工坊等新型公共文化空间，增加城市优质医疗资源供给，开展"夏季达沃斯论坛"等大型赛会志愿服务活动，打造东北首个青年主题地铁专列和主题地铁车站等青年友好场景，推广优秀青年题材作品，举办各类文艺展览、讲座和论坛，营造"让城市对青年更友好，让青年在城市更有为"的良好氛围。

（三）建设老年友好城市

每个市民的衣食住行、生老病死、安居乐业，与一座城市带给人们的归属感、幸福感密切相关。一个城市对待老年人的态度，是最能体现一个城市的人文情怀和价值观念的。

第七次全国人口普查结果显示，大连市 65 岁及以上人口占比为 16.87%，超过全国平均水平 3.37 个百分点，已步入深度老龄化社会，并且老龄化速度明显加快。大连老龄化程度位居全国 15 个副省级城市首位。面对如此严峻的形势，大连市践行以人民为中心的发展思想，进一步完善服务设施、升级服务载体、培育服务队伍、优化服务内容、提高服务质量，切实满足老年人多层次、多样化的养老服务需求，形成了"党委领导、政府负责、民政牵头、部门协同、齐抓共管"的养老服务发展格局，居家社区机构相协调、医养康养相结合的养老服务体系不断完善。

一是优化拓展居家和社区养老服务设施网络。深入开展居家和社区基本养老服务提升行动，以区市县为单位，优化拓展"1+N"居家和社区养老服务设施网络。每个区市县建设至少1所面积不少于600平方米的居家和社区养老服务中心，每个街道建设至少1所面积不少于400平方米的居家和社区养老服务站，搭建多层级互联互通的居家养老服务智慧平台，委托专业养老机构进行适老化改造和运营管理，对外承接家庭养老床位建设、社区养老服务和居家养老上门服务工作，推动居家和社区养老服务品牌化、连锁化、智慧化发展。二是创新实施家庭养老床位试点建设。面向城市失能、半失能老年人，试点建设全市首批5000张家庭养老床位，委托专业机构按照老年人需求，为设置家庭养老床位的老年人居家环境进行智能化、适老化改造，同时提供助餐、助浴、助洁、助行、助医、助购等"菜单式""可定制"的居家养老上门服务，让老年人足不出户就能享受到优质便捷的养老服务。在全国首创政府为建设家庭养老床位的老年人购买居家养老服务新机制，切实满足失能、半失能老年人居家养老刚性需求。三是健全完善新建住宅小区配建养老设施新机制。印发《关于规范住宅小区配建居家和社区养老服务设施有关事宜的通知》，大幅提高新建住宅小区配建养老设施面积标准，由住宅及公寓总建筑面积的2‰提高到3‰，原则上单处用房面积不低于350平方米，服务半径不超过300米。在全国首创对老年人口多、养老服务需求旺盛的新建住宅小区，配建养老设施除按标准配建部分以外，不足部分由开发商按项目成本价格出售给属地政府，用于属地政府提供居家和社区养老服务，让老年人在家门口就能享受到专业养老服务。

2022 年，大连市成功组建大连康养产业集团有限公司，将市社会福利院、民安大楼等优质养老资源无偿划转市康养集团改造运营，启动建设大连蔚蓝葵英颐养院、大连蔚蓝武昌养护院，进一步优化全市养老服务供给，大力发展普惠型医养结合型养老机构，切实满足老年人个性化、多样化养老服务需求。旅顺国投、金普德泰等一批区属国企强势进军康养产业，依托公办养老设施等优质资源，规划建设一批定位精准、规模适度、价格普惠、医养结合、功能完善的养老服务精品工程。大连市甘井子区椒金山养老服务中心被民政部评为"全国养老服务先进单位"。大连市沙河口区南沙老年之家养老服务中心等 3 家单位获批"全省养老服务标准化试点项目"。

六、结语 宜居宜业宜游，
吸引世界目光、喜迎四海宾朋

吸引世界目光、喜迎四海宾朋，建设宜居宜业宜游的国际滨海旅游目的地，是贯彻落实习近平总书记对旅游工作的重要指示精神的生动实践，是中共大连市委十三届七次全会提出的"六个建设"目标任务之一，也是新时代新征程推动大连"两先区"高质量发展的主要目标任务之一。建设宜居宜业宜游的国际滨海旅游目的地是抢抓好"十四五"旅游业发展的重要战略机遇期，是吹响辽宁省文体旅高质量发展的奋进号角，更是中国式现代化大连故事的生动写照。

爱上一座城市，往往始于颜值。择一城久居，则需要这座城市具备某种难以被取代的城市价值。看山，一片翠绿；望海，一派碧蓝；观景，千般韵致、万种风情；品城，兼容并蓄、文明善治……与生俱来的山海交融之美，不可复制的生态和谐之美，内化于心的文明之美，砥砺奋进的发展之美，正在书写着中国式现代化大连故事。

宜居宜业宜游的城市典范，必须是"生态之城"。我们要充分利用自身的禀赋优势，持续扩大生态宜居优势，高标准贯彻"人与自然和谐共生"理念，实现"蓝天、碧水、净土"，真正实现"近者悦远者来"。

宜居宜业宜游的城市典范，必须是"幸福之城"。要坚持以人民为中心的发展思想，增厚这座城市的幸福底色，要让群众住得稳、过得安、有奔头，就要

大连梭鱼湾足球场（杨国胜摄）

持续增进民生福祉，破解群众"急难愁盼"，把惠民生的事办实、暖民心的事办细、顺民意的事办好，让现代化建设成果更多更公平惠及全体人民，让大连的烟火气更浓、人民群众的幸福感更强。

宜居宜业宜游的城市典范，还必须是"文化之城"。要不断丰富文旅产品供给，精心包装推介海洋文化元素，坚持以文塑旅、以旅彰文，文体旅全面协调发展，持续打造文化品牌、体育赛事品牌、精品文艺剧目等现象级文旅活动，积极培育主题乐园、品牌酒店、精品民宿等新兴业态，让城市长火长红。

后 记

以中国式现代化全面推进强国建设、民族复兴伟业，是新时代新征程党和国家的中心任务。以港立市、因海而兴的海滨城市大连，始终处于现代化前沿地带，是中国最早的开放城市之一，与中国式现代化的脉搏同频共振。中国式现代化的大连故事是推进新时代东北全面振兴实现新突破的实践探索，也是中国式现代化的观察样本。我们编写《澎湃大潮升——中国式现代化的大连故事》一书，全面聚焦大连市委十三届七次全会确定的"六个建设"目标任务，以生动笔触讲好这座城市的奋进故事、理性思考、未来构想，以"教研资"一体化的工作部署助力谱写中国式现代化的大连篇章。

从一份嘱托到一张清单，大连乘势而上、加压奋进，正坚定不移沿着习近平总书记指引的方向，勇当新时代东北振兴"跳高队"，不断书写中国式现代化大连篇章。为了讲好中国式现代化的大连故事、统筹推进"六个建设"各项目标任务落地落实，中共大连市委党校（大连行政学院、大连市社会主义学院）专门组建了6个专题项目组，由校（院）领导分别牵头推进，确保专题培训扎实有序开展；将本书作为教学创新工程教材项目，列为年度重点工作事项组成专班予以推进；专门部署"六个建设"专题课程和现场教学项目开发及教学安排，目前已有6门专题课程进入学员课堂，中国式现代化的大连故事带着生动案例和理性剖析，对学员起到激发与激励的双重效果。

中国式现代化的大连实践，每一个故事都是一个精彩案例。本书在组编过程中，力求围绕"六个建设"的核心指向选取典型案例，汇聚了涵盖"六个建设"主体领域的数十个案例，通过历史逻辑、理论逻辑与实践逻辑进行有效拆解与梳理。这些案例可能不足以呈现最新、最全的中国式现代化大连图景，但是基本集成了大连在推进东北全面振兴实现新突破、推动中国式现代化进程中的着力方向与行动走向，以大连实践萃取大连经验、大连思考。

本书由中共大连市委宣传部、中共大连市委党校（大连行政学院、大连市社会主义学院）、大连新闻传媒集团联合组编。中共大连市委常委、宣传部部长郭铁钧作出批示，对书稿质量提出明确要求。从策划、调研、组织撰写到审定、完善付梓出版，大连市委党校（大连行政学院、大连市社会主义学院）常务副校（院）长崔秀萌亲自策划指导、部署推进；副校（院）长徐晓暖全面统筹、精心部署，对篇章结构、写作要求、风格体例等提出具体思路建议和工作要求，并多次主持召开部署会、咨询会，打磨书稿；刘立宏副教育长、科研处孙洪宇处长精准落实、协同推进，秉持"教研资"一体化理念，带领创编组前期做了大量调研咨询工作，正式启动编写后又组织各方专家全面把关斧正，历时7个月终成此作，且同步推出系列教学成果、资政成果。参与此次创编的骨干教师近年来始终牢记为党育才、为党献策的党校初心，围绕奋力谱写中国式现代化大连篇章、围绕大连"两先区"建设高质量发展深入调研、资政建言，成果丰硕，本次创作也是各位教师教研成果的集中体现。本书各章撰写分工如下：第一章由杨晓猛教授撰写，第二章由郑雪梅教授撰写，第三章由李崇峰教授撰写，第四章由谢素艳副教授撰写，第五章由沈毅教授撰写，第六章由王岩教授撰写，统稿工作由王大勇教授完成。感谢各位作者的倾力付出，同时还要感谢大连市委宣传部理论处孙海东处长对书稿的审读、指导；感谢大连市政府研究室陈云贵副主任、大连市政府研究室研究三处刘家印处长对本书结构、内容的指导；感谢大连新闻传媒集团摄影记者及受访单位提供精彩图片。

本书还得到了大连市相关专家学者的大力支持，他们先后参与了本书的写作提纲讨论、书稿审读，对本书的顺利出版提出了许多宝贵的意见和建议。感谢这些领导、专家提出真知灼见。由于编者学识、水平有限，再加上时间仓促，疏漏之处敬请各位读者指正。

编者

2024 年 5 月